Hans-Jürgen van der Gieth

Schütz die Tiere

Zum Autor:
Hans-Jürgen van der Gieth; rund dreißigjährige Lehrtätigkeit an allgemeinbildenden Schulen (Deutsch, Geschichte, Politik, Sozialwissenschaften, Erdkunde, Sport) und in der Erwachsenenbildung; Moderator zahlreicher Fortbildungen und mehr als zehn Jahre tätig in der Schulleitung; seit einigen Jahren selbstständiger Autor; Leiter einer Schreibwerkstatt.

Impressum

Bibliografische Information der Deutschen Bibliothek

Die Deutsche Bibliothek verzeichnet diese Publikation in der Deutschen Nationalbibliografie; detaillierte bibliografische Daten sind im Internet über http://dnb.ddb.de abrufbar.

www.buchverlagkempen.de

1. Auflage, Kempen 2014
© 2014 BVK Buch Verlag Kempen GmbH, Kempen

Nach der neuen deutschen Rechtschreibung

Alle Rechte dieser Ausgabe vorbehalten durch
BVK Buch Verlag Kempen GmbH

Autor: Hans-Jürgen van der Gieth, Kempen

Lektorat: Ilka Bonten-Löwenhag, BVK

Layout und Gestaltung: Marion Krüger, BVK

Illustration Kniffelogus: Daniela Heirich, Oberhausen

Druck / Bindung: GrafikMediaProduktionsmanagement, D-Köln

Printed in Europe

Best.-Nr.: SB15, ISBN 978-3-86740-345-0

Schütz die Tiere

Hans-Jürgen van der Gieth

Inhalt

Liebe Tierfreunde,

Kinder mögen Tiere – du bestimmt auch, oder? Vielleicht wünschst du dir sogar ein eigenes Tier, einen Hund, eine Katze, einen Vogel, ein Meerschweinchen … Aber weißt du, wie man mit dem Tier umgehen, wie es gehalten, gefüttert, gepflegt werden muss? Leider gibt es Kinder, die ihrem Tier nicht immer Gutes tun. Sie haben zu wenig Ahnung, wie man ein Tier halten muss.

Kinder mögen Tiere! So mögen es Kinder normalerweise überhaupt nicht, wenn sie davon hören oder wenn sie sehen, dass ein Tier geschlagen, gequält, in einem engen Stall gehalten oder sogar geschlachtet wird. Doch häufig erfahren wir Menschen gar nicht, wie mit Tieren umgegangen wird. Zum Beispiel in der sogenannten Massentierhaltung. Hinter den Mauern riesiger Ställe für uns nicht sichtbar, werden viele Tiere auf engstem Raum gehalten. Diese „Nutztiere" verlassen ihr Leben lang nicht den Stall, sehen nie die Sonne. Häufig wissen Kinder (und Erwachsene) nicht, dass Kälber sofort nach ihrer Geburt von der Mutter weggeholt und in einen besonderen Stall gesteckt werden. Diese lernen nie die Nähe zu ihrer Mutter kennen, werden nicht von ihr gefüttert. Viele Menschen wissen auch nicht, dass männliche Küken sofort nach dem Schlüpfen getötet werden, weil sie ja nicht fürs Eier-

legen gebraucht werden können. Ebenso unbekannt ist häufig, wie Tiere in Zoos leiden, dass sie in einem Zirkus ein völlig artfremdes Leben führen müssen oder beim Reitsport nicht selten als „Sportgerät" missbraucht werden. Übrigens: Vieles davon geschieht, weil die Menschen Geld mit den Tieren verdienen wollen, manchmal sogar richtig reich werden.

Kinder mögen Tiere! Das gilt auch für Tiere, mit denen wir in unserem normalen Leben meistens nichts zu tun haben. Denken wir zum Beispiel an die „wilden Tiere", die natürlicherweise nicht bei uns leben, zum Beispiel Elefanten und Giraffen, Löwen und Tiger, Würgeschlangen, Krokodile, Nashörner, Wale und Haie, Kolibris und Flamingos …

Manche Tiere sind vom Aussterben bedroht. Nur der Mensch kann hier eingreifen und verhindern, dass tatsächlich eine Tierart für immer vom Erdboden verschwindet.

In diesem Buch erfährst du viel darüber, wie es Tieren heute geht, welches Leben sie führen (müssen), wie sie gehalten werden – und was man bzw. was **du** tun kannst, damit es den Tieren besser geht.
In Zeitschriften oder auch im Fernsehen wird manchmal über schlimme Tierschicksale berichtet, und zwar mit schrecklichen Fotos von leidenden Tieren. Darauf wurde in diesem Buch ganz bewusst verzichtet.

Wir müssen lernen, Tiere als unsere Mitgeschöpfe anzusehen, als Lebewesen, die – ebenso wie wir Menschen – auch ein Recht auf Leben, auf ein anständiges Leben, haben.
Du musst dir deine eigene Meinung bilden. Dazu musst du dich zuerst informieren und gründlich nachdenken. Zum Beispiel zu der Frage, ob wir Menschen überhaupt Tiere töten und ob wir Tiere essen dürfen. So ist zu überlegen, was wichtiger ist, z. B. das Bedürfnis des Menschen, ein Stück Fleisch zu essen – oder das Interesse des Tieres zu leben.

Du siehst, solche und andere wichtige und schwierige Fragen sind zu stellen – und zu beantworten. Hierbei soll dir dieses Buch helfen.

Darüber hinaus findest du hier viele Anregungen, dich mit dem Tierschutz zu beschäftigen – auch dies kann bei der Beantwortung deiner Fragen helfen.

Viel Spaß mit diesem Buch wünscht
Hans-Jürgen van der Gieth

Artenvielfalt

Millionen Tierarten leben auf der Erde. Die genaue Zahl kennt niemand. Viele Tierarten sind noch unbekannt. Zu den Millionen Tierarten ge-hören ganz unterschiedliche: Da gibt es die mikroskopisch kleinen Einzeller, die Quallen, die Gliederfüßer wie Spinnen, Krebse, Insekten … Aber auch die Wirbeltiere, wie die Säugetiere, Vögel, Fische und Reptilien … gehören dazu. Es ist sehr wichtig, diese Vielfalt der Natur zu erhalten. Die Erde, die Natur, wir Menschen brauchen Artenvielfalt. Und zwar Vielfalt der Pflanzen und der Tiere. Doch in den letzten Jahrzehnten sind viele Arten auf der Erde ausgestorben – meist durch Eingriffe des Menschen.

Wir Menschen rauben den Tieren ihren Lebensraum

Ein großes Problem stellt die Überbevölkerung dar. Während vor etwa 200 Jahren gerade einmal eine Milliarde Menschen auf der Erde lebte, sind es heute (im Jahre 2014) sieben Milliarden. Alle diese Menschen brauchen Nahrung und Platz zum Wohnen.

Hinzu kommt der Fortschritt des Menschen. Ungefähr seit 250 Jahren, als viele Maschinen erfunden wurden, können die Menschen immer schneller immer mehr Waren herstellen. Viele Maschinen und Geräte erleichtern uns unser Leben, wie z. B. der Kühlschrank, die Waschmaschine, das Telefon. Aber brauchen wir einen singenden Tortenheber, einen automatisch schließenden Kofferraumdeckel oder ein Kuscheltier, das ständig „Mama" schreit und Kinderlieder singen kann? Doch viele dieser Dinge werden in Mengen gekauft. Das bedeutet, dass sie auch hergestellt werden müssen. Und für die Herstellung brauchen wir Platz für die Fabrikgebäude. Es werden Rohstoffe (wie Kohle, Öl, Eisen, Holz) benötigt,

für die Wälder gerodet werden. Außerdem ist z. B. Energie erforderlich, die teuer produziert werden muss und für die wir unsere Vorräte auf der Erde verbrauchen. Das alles nehmen wir uns aus der Natur. Für die Herstellung von Produkten verdrängen wir die Natur also immer mehr. Dadurch geht Lebensraum für die Pflanzen und für die Tiere verloren. Aber auch Menschen, die in den „genutzten" Naturgebieten leben, wie z. B. Naturvölker im tropischen Regenwald, raubt man ihre Heimat.

Menschen fühlen sich als die „Krone der Schöpfung"

Wir Menschen fühlen uns den Tieren weit überlegen. Wir sehen uns als die „Krone der Schöpfung". Menschen glauben, sie dürften mit allen anderen Lebewesen auf dieser Erde tun und lassen, was sie möchten. Wir bezeichnen zwar die Tiere als unsere Mitgeschöpfe, doch wenn man sich anschaut, wie einige Menschen mit diesen Mitgeschöpfen umgehen, kann man sich oft nur schämen.

Wir Menschen sind mit den Tieren verwandt. Unsere nächsten Verwandten in der Tierwelt sind die Affen. Irgendwann trennten sich die Wege und der heutige Mensch entwickelte sich.

Wissenschaftler haben das Tierreich geordnet. Dabei gibt es unterschiedliche Ordnungssysteme.

Eines dieser Systeme geht von den gemeinsamen Vorfahren und den Abstammungslinien von Tieren aus. Es wird in Form eines Stammbaums dargestellt: Aus dem Wurzelstock entspringt ein Stamm. Dieser Stamm hat mehrere Hauptäste, die sich immer weiter verzweigen.

Bei einer anderen Einteilung wird die Tierwelt nach Ähnlichkeiten eingeteilt.

Artenvielfalt

Artensterben

In den letzten Jahrzehnten sind viele Tierarten für immer von der Erde verschwunden. Schuld daran sind häufig die Menschen. So ist die Zahl bestimmter Tierarten durch die Jagd stark verringert worden. Manchmal führte das dazu, dass eine Tierart ganz ausgestorben ist. Auch die Veränderung oder Zerstörung des Lebensraumes kann zum Aussterben einzelner Tierarten führen.

Viele Tiere leben in besonderen Lebensräumen, wie zum Beispiel in Feuchtsavannen, in Sümpfen oder den Dünen. Werden diese Lebensräume deutlich verkleinert oder sogar zerstört, verringert sich die Zahl der Tiere dort oder verschwindet ganz. Wenn dies der einzige Lebensraum einer bestimmten Tierart war, kann ihr Aussterben nicht mehr verhindert werden.

Andere Eingriffe des Menschen können ebenfalls zum Aussterben führen, wie vergiftete Böden oder verseuchtes Wasser. Schlecht ist auch der einseitige Anbau von einzelnen Pflanzensorten. Man nennt das Monokultur. Denn auch hierdurch wird die Vertreibung einzelner Tierarten gefördert.

Manchmal trägt auch der Tourismus dazu bei, dass Tiere aus einem bestimmten Gebiet verschwinden.

Rote Liste gefährdeter Arten

Es gibt eine Liste, auf der alle Tier- und Pflanzenarten stehen, die vom Aussterben bedroht sind. Man nennt sie „Rote Liste gefährdeter Arten". Auf ihr wird angegeben, wie stark die Bedrohung schon ist:

0 = ausgestorbene oder verschollene Arten
1 = vom Aussterben bedrohte Arten
2 = stark gefährdete Arten
3 = gefährdete Arten
(R) = extrem seltene Arten
(V) = Arten der Vorwarnliste

Anmerkung: Es gibt verschiedene „Rote Listen" mit unterschiedlichen Einteilungen.

Artenschutz

Durch das Artensterben ist die biologische Vielfalt bedroht. Dies hat auch Auswirkungen für uns Menschen. Denn viele Lebewesen auf der Erde stehen miteinander in Beziehung. So können die Bienen z. B. nur dann Honig gewinnen, wenn sie die richtigen Blüten finden können.

Um wirksam gegen das Artensterben vorzugehen, werden die bedrohten Tierarten unter besonderen Schutz gestellt. Es gibt hierfür ein Artenschutzabkommen, das den Bestand der bedrohten Tiere besonders erhalten soll. Eine andere Vereinbarung besagt, dass weniger Tiere gefangen werden dürfen, z. B. gilt das für Fische.

Sinnvoll ist der Schutz des Lebensraumes der vom Aussterben bedrohten Tiere. Manchmal werden die Tiere auch in Gebiete umgesiedelt, in denen sie nicht von der Zerstörung ihres Lebensraumes bedroht sind. Schließlich können gefährdete Tiere auch in Zoos gebracht werden, in denen sie geschützt sind. Dort wird dann versucht, dass sich diese Tiere wieder vermehren.

Artenschutzabkommen

Für den internationalen Schutz der Tiere und Pflanzen in der freien Natur gilt das Washingtoner Artenschutzabkommen. Danach sind besonders gefährdete Arten freilebender Tiere und Pflanzen geschützt. Vor allem wird der Handel mit diesen Exemplaren durch das Abkommen geregelt, kontrolliert und zum Teil auch verboten.

Haustiere

Viele Kinder wünschen sich ein Tier als Spielkameraden, als Hausgenossen, als Wesen, für das sie sorgen können. Doch die Anschaffung eines Tieres bedeutet, die Verantwortung dafür zu übernehmen. Denn dieses Tier ist total abhängig von uns Menschen.

Tiere sind keine Sachen, sondern Lebewesen. Sie haben ein Recht darauf, dass ihre Bedürfnisse erfüllt und beachtet werden. Vor allem müssen sie artgerecht gehalten werden. Und dafür muss der Mensch sorgen. Er muss sie füttern, pflegen und bei Krankheit behandeln oder zum Arzt bringen. Bevor du dir ein Tier anschaffst, solltest du dich also sehr gut über dessen Bedürfnisse informieren. Nur so kannst du diesem Tier ein artgerechtes Zuhause bieten. Denn du willst ja nicht, dass das Tier leidet und sich quält!

Viele Haustiere, die in Deutschland gehalten werden, sind sogenannte exotische Tiere. Das sind Tiere, die nicht aus unserer Heimat stammen, sondern in fernen Ländern zu Hause sind (z. B. Chamäleon, Skorpion, Python, Vogelspinne …). Die meisten dieser Tiere werden bereits seit langer Zeit in Deutschland gezüchtet. Zu den beliebtesten Haustieren zählen Hunde, Katzen, Wellensittiche, Kanarienvögel, Papageien, Meerschweinchen, Goldhamster, Kaninchen, Echsen, Schildkröten, Schlangen …

Wellensittiche

Ihre Heimat ist Australien, wo sie in sehr großen Schwärmen leben. Wellensittiche gehören zu den Papageien und sind sogenannte Standvögel. Das bedeutet, dass sie – anders als zum Beispiel die Zugvögel – ihre Heimat nicht verlassen. In ihrer ursprünglichen Heimat ernähren sie sich hauptsächlich von Samen.

In Europa werden Wellensittiche seit 1840 als Ziervögel gehalten. Bereits kurze Zeit später wurden sie intensiv gezüchtet. Wellensittiche sind die Papageienart, die weltweit wohl am häufigsten gehalten wird.

Leider werden sie in unseren Haushalten meistens in kleine Käfige gesperrt. Das widerspricht natürlich ihrem Flugbedürfnis und ihrem Bedürfnis, sich frei zu bewegen. Wellensittiche klettern z. B. gerne. Da Wellensittiche Schwarmvögel sind und innerhalb der Schwärme in Paaren leben, dürfen sie **nicht als Einzeltiere gehalten werden,** denn das wäre **Tierquälerei!**

Kanarienvögel

Kanarienvögel, die hautpsächlich wegen ihres Gesangs so beliebt sind, stammen ursprünglich von den Kanarischen Inseln, den Azoren sowie der Insel Madeira. Im Laufe der Zeit wurden Kanarienvögel zu Haustieren. Schon 1496 brachten die Spanier sie nach Europa. In Klöstern wurde mit der Zucht dieser Vögel begonnen. Hauptsächlich die Männchen wurden wegen ihres Gesangs an Damen des Adels verkauft.

Spanien

Madrid

Balearen

Kanarische Inseln

1. Herr Professor, was halten Sie davon, Tiere zu Weihnachten zu verschenken?

Ich bin da ganz ehrlich, auch wenn es vielleicht etwas hart klingt: Davon halte ich gar nichts! Die Gefahr ist sehr groß, dass nach einer kurzen Zeit das Interesse an dem Tier verlorengeht und sich bald schon niemand mehr aus der Familie richtig um das Tier kümmert. Und dann würde man es am liebsten wieder loswerden. So geschieht es ja auch häufig zu Beginn der Sommerferien. Dann findet man hauptsächlich Hunde, die zum Beispiel an der Autobahn zurückgelassen werden. Die Besitzer wissen während des Urlaubs nicht, wohin mit ihrem Hund und versuchen, ihn auf diese Weise loszuwerden. **Ein Verbrechen ist das!**

2. Finden Sie es richtig, dass zum Beispiel Goldfische in einem Glas gehalten werden?

Nein, ich finde, **das ist reine Tierquälerei.** Man findet solche „Tierhaltung" schon einmal in Büros oder auch bei Leuten zu Hause. Da schwimmt ein einsamer Goldfisch allein in einem kleinen Glas. Das ist nun alles andere als artgerechte Haltung. Wer sich Zierfische hält, muss sich vorher genau informieren. So muss berechnet werden, wie viel Platz die Fische benötigen, welche Bepflanzung erforderlich ist, was die Fische fressen. Und ganz wichtig sind die Wasserqualität und die Wassertemperatur, die ständig überwacht werden müssen. Für die richtige Fischhaltung in einem Aquarium braucht man schon etwas Erfahrung und viel Verantwortungsbewusstsein. Auch für die Haltung von Teichfischen gilt, dass man sich intensiv informieren und sehr stark auf die Wasserqualität achten muss.

3. Was halten Sie davon, Echsen, Schlangen und ähnliche Tiere als Haustiere zu halten?

Auch davon halte ich gar nichts. Und zwar aus vielen Gründen. **Eine artgerechte Haltung dieser Tiere in einer Wohnung ist fast unmöglich.** Wenn eine Boa – du weißt, diese große Würgeschlange – in einem Wohnzimmer lebt, ist das nicht artgerecht. Ganz im Gegenteil, das finde ich unmöglich und aus Tierschutzsicht unverantwortlich. Das Gleiche gilt zum Beispiel für Chamäleons. Diese Tiere sind extrem temperaturempfindlich und anspruchsvoll. Ihnen die richtigen Lebensbedingungen zu bieten, ist sehr schwierig. Und ehrlich gesagt: Was kann man mit diesen Tieren als Hausgenossen denn anfangen? Eigentlich nichts! Ich kann sie mir anschauen, ja. Aber da habe nur ich als Halter des Tieres, als Mensch, etwas davon. Für das Tier ist das Leben in einem Terrarium nicht angenehm. Auch da dürft ihr euch nicht von Züchtern oder Heimtierhändlern etwas anderes einreden lassen. Häufig wollen die nur Geld verdienen mit dem Verkauf der Tiere, der Käfige, des Futters. Und den Haltern geht es oft nur darum, etwas Besonderes zu besitzen – aber das geht leider zu Lasten der Tiere.

Meerschweinchen

Meerschweine oder Meerschweinchen, wie sie meistens genannt werden, sind Nagetiere. Sie sind in Südamerika weit verbreitet. Die tagaktiven Tiere werden bei uns als Haustiere gehalten. Der Name „Meerschweinchen" kommt wohl von spanischen Seefahrern, die die Tiere über das Meer nach Europa brachten. Und da die Geräusche, die diese Tiere von sich geben, an Schweine erinnern, ist die Verbindung Meer und Schwein im Namen passend.

Meerschweinchen brauchen viel Auslauf. Am besten leben sie in einem Freigehege mit reichlich Platz. Haben Meerschweinchen zu wenig Platz, bedeutet das für sie Stress – und das ist ungesund.
Bei der Außenhaltung muss man allerdings viele Dinge beachten: schattiger Standort, wetterfestes Haus, überdachte Futterstellen, Spielmöglichkeiten, Vorsicht vor giftigen Pflanzen in der Wiese, je Meerschweinchen ein bis zwei Quadratmeter Platz, einbruchsicheres Gehege (z. B. vor Katzen und Hunden), besondere Vorsicht im Winter (keine Feuchtigkeit, lauwarmes Wasser …). **Als Rudeltiere dürfen Meerschweinchen auch nicht allein gehalten werden.**

Tipp

Jede Tierart hat andere Bedürfnisse, die der Halter kennen und beachten muss. Folgende Fragen müssen vor der Anschaffung gestellt werden:
- Wie muss das Tier gehalten werden (Platzbedarf …)?
- Wie muss die „Wohnung" des Tieres aussehen (Material, Boden, Temperatur, Licht …)?
- Benötigt es Gesellschaft oder sollte es nur allein gehalten werden?
- Was frisst es? Wann sollte es gefüttert werden?
- Welche (tägliche) Pflege benötigt das Tier?
- Welche Krankheiten können auftreten? Braucht das Tier regelmäßige ärztliche Behandlungen (z. B. Impfungen)?
- Wie alt wird es?
- Wie viel Zeit muss ich täglich für mein Tier haben?

Erst wenn du alle diese Fragen vorher beantworten und die „Probleme" klären konntest, darfst du dir ein Tier anschaffen.

Hunde – unsere treuen Begleiter und Spielkameraden

Der Hund ist nicht nur das beliebteste Haustier des Menschen, er ist auch das älteste. Denn schon sehr früh in der Geschichte der Menschheit machte ihn der Mensch zu seinem Hausgenossen. „Haushunde" gab es schon in der Steinzeit.

Im Laufe der Zeit entstanden durch die Züchtung unterschiedliche Rassen. Inzwischen gibt es weltweit ungefähr 400 Hunderassen.

Der Hund stammt vom Wolf ab und gehört zu den Säugetieren. Eine Hündin kann zweimal im Jahr Junge zur Welt bringen. Man nennt die Jungen Welpen. Welpen sind Nesthocker, das heißt, sie sind auf die Hilfe der Mutter angewiesen. Erst mit ungefähr einem Jahr wird der Welpe erwachsen. Die Lebenserwartung von Hunden ist je nach Rasse sehr unterschiedlich. Kleine Hunderassen leben meistens länger als große und können über 15 Jahre alt werden.

Der Hund ist als Fleischfresser ein Raubtier. Man bezeichnet ihn auch als Beutetierfresser. Das kann man schon an seinem Gebiss erkennen. Neben den vorderen Schneidezähnen befinden sich links und rechts die langen Eckzähne. Man nennt sie auch Fangzähne. Damit hält der Hund die Beute fest. Weiter hinten im Gebiss befinden sich die Backenzähne. Man nennt die besonders großen Backenzähne auch Reißzähne. Mit ihnen kann der Hund Fleischteile abreißen.

Besonders ausgeprägt ist der Geruchssinn des Hundes. Forscher haben festgestellt, dass Hunde eine Million Mal besser riechen können als Menschen.

Wusstest du schon ?!

- In einigen Ländern werden jährlich Tausende Hunde getötet, weil sie angeblich das Straßenbild der Städte oder die Touristen stören.
- In einigen asiatischen Ländern werden Hunde gegessen.
- Hunde dürfen frühestens nach der 8. bis 10. Lebenswoche von ihrer Mutter getrennt und abgegeben werden.
- Hunde werden hauptsächlich durch eine falsche Haltung und Behandlung zu Kläffern und Beißern gemacht.

Ebenfalls ist das Gehör des Hundes sehr gut entwickelt. Selbst im Schlaf hört er verdächtige Geräusche und bellt. Dagegen sind seine Augen nicht besonders gut.

Ein Hund kann sich auf unterschiedliche Weise bemerkbar machen: Bellen, Knurren, Winseln; oder durch seine Körperhaltung.

Die Haltung von Hunden ist eigentlich nicht besonders problematisch, da sie sich sehr gut anpassen. Dennoch müssen sie ein artgerechtes Leben führen können. **Ein Hund braucht genügend Auslauf,** er ist schließlich ein Lauftier. Ein kleiner Spaziergang am Tag ist viel zu wenig. **Außerdem braucht ein Hund eine Aufgabe.** Man kann Hunde auf spielerische Weise beschäftigen, besser sind allerdings echte Aufgaben. Auf keinen Fall darf ein Hund wie ein Ersatzkind behandelt werden. Schoßhündchen leben kein glückliches und vor allem kein artgerechtes Leben.

3 Fragen an Professor Kniffelogus

1. Herr Professor, ist es eigentlich richtig, einen Hund in einem Zwinger zu halten?
Das ist absolut nicht richtig und müsste verboten werden. **Der Hund ist ein sehr freiheitsliebendes Tier, ein Lauftier dazu.** Es einzusperren bedeutet Tierquälerei. Viele dieser Hunde laufen den ganzen Tag am Gitter auf und ab oder liegen abgestumpft in einer Ecke.

2. Was halten Sie von Hundekämpfen? Kommt das Kämpfen nicht dem natürlichen Bedürfnis der Hunde entgegen?
Auf den ersten Blick könnte man das glauben. Aber tatsächlich sind diese Kämpfe brutal und nicht selten werden die Hunde dabei verletzt oder getötet. Bei diesen Kämpfen werden die Hunde vorher aggressiv gemacht und dann aufeinander gehetzt. In der Natur unterwirft sich der unterlegene Hund. Der „Sieger" verzichtet auf weitere Angriffe und damit ist der Kampf beendet. Dies ist beim Hundekampf nicht möglich.

3. Haben Sie eine Meinung zu Hundeausstellungen?
Oh ja, die habe ich! Bei diesen Veranstaltungen wird meistens nur der Ehrgeiz der Hundehalter oder Züchter befriedigt. Sie sind stolz darauf, wenn ihr Hund prämiert worden ist. Dem Hund ist das total egal.

Katzen – eigenwillige Hausgenossen

Katzen werden schon lange als Haustiere gehalten. Bereits die Alten Ägypter setzten sie als Mäusefänger ein. Denn die Mäuse fraßen das Getreide der Bauern und da waren Katzen als Schutz sehr willkommen.

Die Katze ist ein Fleischfresser, was man auch an ihrem Raubtiergebiss erkennen kann. Schließlich gehören ja auch große Wildkatzen wie Löwen und Tiger zu den Katzen.

Auch unsere Hauskatzen haben spitze, dolchartige Eckzähne. Man nennt sie Fangzähne. Mit ihnen kann das gefangene Tier sicher festgehalten und anschließend getötet werden. Die hinteren Zähne, die Backenzähne, haben spitze Höcker und scharfe Kanten. Mit ihnen wird das Fleisch zerteilt. Man nennt die größten Backenzähne auch Reißzähne. Wie mit einer Schere werden damit die Fleischstücke zerschnitten. Selbst dünnere Knochen können so gebrochen werden. Für die Nahrungsaufnahme werden die kleinen Schneidezähne kaum benutzt. Wohl kann die Katze mit ihnen und der rauhen Zunge Fleischreste von den Knochen abzupfen.

Haustiere

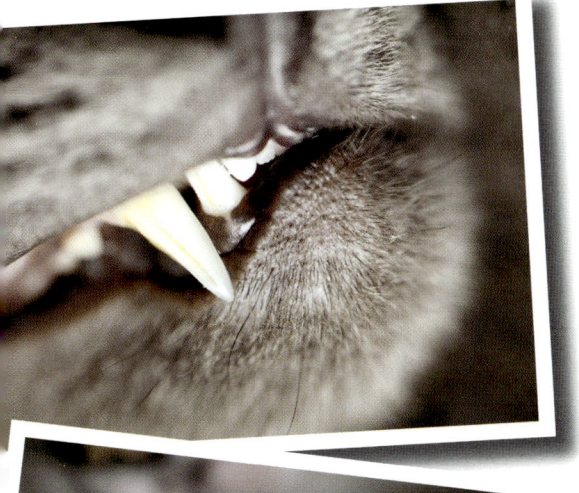

Bei den Katzen spielen auch die Krallen an ihren Zehen eine besondere Rolle. Sie sind gebogen und sehr spitz und scharf. Normalerweise befinden sich diese Krallen in den sogenannten Krallentaschen. Dadurch werden die Krallen vor Abnutzung geschützt. Die Katze kann sich so lautlos anschleichen. Nur die weichen Sohlenpolster berühren den Boden. Über einen bestimmten Mechanismus aus Sehnen und Muskeln kann die Katze ihre Krallen ausfahren und zurückziehen. Sie kann die Krallen ausfahren, um damit Beute zu fangen, sich zu verteidigen oder Dinge zu sich heranzuziehen.

Katzen jagen hauptsächlich im Dunkeln. Sie können daher auch nachts sehr gut sehen. Ihre Pupillen weiten sich und verstärken somit das wenige Licht. Außerdem können sie besonders gut hören. Ihre Tasthaare am Schnurrbart und über den Augen führen sie sicher um Hindernisse herum. Katzen können sich sehr geschmeidig und leise fortbewegen. Auch können Katzen hoch und weit springen. Das alles macht sie zu sehr erfolgreichen Jägern.

In vielen Familien werden Katzen gehalten. Dabei ist die reine Wohnungshaltung problematisch. Katzen fühlen sich eigentlich nur richtig wohl, wenn sie jagen können und dazu müssen sie das Haus verlassen dürfen. Wenn die Katze es nicht anders gewohnt ist, kann sie sich aber auch als reines Wohnungstier wohlfühlen. Doch dann braucht sie viele Möglichkeiten zum Spielen und zur Abwechslung.
Freigänger sind nachts aktiv und verbringen viele Stunden der Dunkelheit außerhalb des Hauses. Katzen sind Einzelgänger und daher auch sehr selbstständig und oft eigensinnig. Sie schließen sich nicht immer eng an die Menschen an. Dann sollte man sie auf keinen Fall zwingen.

Insekten – die heimlichen Herrscher der Erde

Manchmal finden wir sie richtig lästig. Wenn sie uns im Wald zu Hunderten umschwärmen oder wenn wir unseren Obstkuchen nicht eine Sekunde unbeobachtet lassen können. Nachts stören sie – vor allem im Sommer – unseren Schlaf, tagsüber summen und brummen sie über unsere Köpfe hinweg. Die Rede ist von Mücken und Wespen, Fliegen und Bienen, von Käfern, Spinnen und Ameisen … Sie alle gehören zu den Insekten. Und auch wenn wir sie manchmal als lästig empfinden, sind die meisten von ihnen nützliche Tiere.

Insekten werden als die heimlichen Herrscher auf unserer Erde bezeichnet. Dabei weiß man gar nicht genau, wie viele Insekten eigentlich auf der Erde leben. Allein in Europa gibt es mehr als 100 000 Arten. Ungefähr 80 % aller Tierarten sind Insekten. Jährlich werden immer wieder neue entdeckt und beschrieben. Interessant ist, dass einige Insektenarten in Gruppen von vielen Millionen Exemplaren auftauchen, z. B. Wanderheuschrecken oder Ameisen und Termiten. Es leben zum Beispiel bis zu 60 000 einzelne Tiere (z. B. Ameisen) auf einem Quadratmeter Oberfläche Weideland.
Insekten bevölkern alle Lebensbereiche. Sie leben an Land, in der Luft und im Wasser, in der Wüste, den Polargebieten, in heißen Quellen oder in einer einfachen Wasserpfütze. Sie sind sehr anpassungsfähig und leben daher auch in extremen Gebieten.

Insekten

Käfer

Mücke

Schmetterling

Wespe

Für die Wissenschaftler gehören die Insekten zu den wichtigsten Tierarten. Sie sind Nützlinge, aber auch Schädlinge und Krankheitsüberträger.

Insektenhotel

Auch Insekten sind teilweise vom Aussterben bedroht. Dies gilt zum Beispiel für heimische Wildbienenarten. Insekten sind gefährdet, weil ihnen häufig geeignete Nistplätze fehlen und das Nahrungsangebot falsch oder nicht ausreichend ist. So brauchen fast alle Wildbienenarten Niströhren, in denen sie ihre Brutzellen aneinanderreihen können. Sie benötigen Bäume und Trockenwiesen. Doch heute gibt es viele alte Bäume auf Streuobstwiesen oder auch in Parks nicht mehr. Brombeer- und Himbeerbüsche wurden häufig ausgerottet. Ebenfalls hat die moderne Landwirtschaft Tiere wie die Wildbienen vertrieben. Kleine Felder sind meist verschwunden und damit auch Hecken und Sträucher, die den Tieren Rückzugsmöglichkeiten boten. Stattdessen gibt es riesige Felder, auf denen gedüngt wird, um möglichst viel zu ernten. Auch werden Schädlingsbekämpfungsmittel eingesetzt. Die Tiere werden immer mehr verdrängt und ihr Lebensraum wird immer kleiner.

Doch jeder von uns kann helfen! Insekten lassen sich auch im eigenen Garten und am Haus (oder auf dem Balkon) ansiedeln. Man kann ein Insektenhotel bauen (bzw. fertig gebaut kaufen), in das die Tiere einziehen können. Diese Unterschlupf- und Bruthilfen können mit wenig Aufwand hergestellt werden. Schilfrohrbündel, markhaltige Pflanzenstängel (z. B. vom Holunder), Hartholzblöcke mit Löchern, Bambusrohre, Lochziegel, Baumstümpfe, zusammengewickelte Graspakete usw. dienen als Material für die Unterkunft.

Man gibt den Tieren dadurch nicht nur ein geeignetes Zuhause, man kann sie auch aus nächster Nähe beobachten. Und das ist auf jeden Fall sehr interessant.

Heuschrecke

Spinne

Tiere im Garten

Der eigene Garten bietet vielen Tieren Gelegenheit, sich dort anzusiedeln. Man braucht nur einen Blick in den Boden zu werfen und erkennt sofort, welche Vielfalt an Tieren hier anzutreffen ist.

Kannst du dir vorstellen, dass im Boden unter unseren Füßen Millionen Tiere wohnen? Unzählige Insekten leben in der Krautschicht am Boden. Stechen wir mit einem Spaten in den Gartenboden, suchen Würmer und Krabbelwesen Deckung. Treffen wir dabei versehentlich ein Ameisennest, schwärmen Unmengen dieser kleinen Tiere aus und suchen Schutz. Wenn wir nur einen Stein umdrehen, entdecken wir eine ganze Ansammlung unterschiedlichster Kleintiere, ob Hundertfüßer, Würmer, Spinnen oder Asseln.

Im Boden und auf der Erdoberfläche findet man den größten Teil der biologischen Arten. So leben in einem Kubikmeter Gartenboden Tausende Lebewesen. Kleinstlebewesen wie Bakterien oder Pilze zersetzen den Körper toter Tiere und Pflanzen. Räuber und Parasiten ernähren sich von diesen Aasverwertern. Und diese Räuber wiederum werden von größeren Räubern gefressen. So werden auch die Pflanzen durch diesen Wechsel von Leben und Tod mit den notwendigen Nährstoffen versorgt. Die Pflanzen wandeln mit Hilfe des Sonnenlichtes Kohlendioxid in Zucker um und setzen dabei Sauerstoff frei. Den atmen wir Menschen schließlich ein. Dieses Zusammenspiel ist für die Natur und für uns Menschen notwendig.

Drossel

Buchfink

Gärten sind auch beliebte Rückzugsgebiete für unsere zahlreichen heimischen Vogelarten: wie z. B. Amsel, Drossel, Buchfink, Blaumeise, Kohlmeise, Rotkehlchen oder Zaunkönig. Gerade im Winter, wenn die Vögel in der Natur nicht mehr genug zu fressen finden, können wir ihnen ein Vogelhäuschen anbieten und sie dort mit Futter versorgen. Gerne nehmen sie auch Meisenringe oder Meisenknödel an. Dabei sollte man darauf achten, dass die Stellen im Garten möglichst geschützt sind und dass andere Tiere, wie zum Beispiel Katzen, die Vögel beim Fressen nicht überraschen können.

Blaumeise

Rotkehlchen

Ein toller Gartenbewohner ist der Igel, der sich oft in heimischen Gärten ansiedelt. Man kann Igel durch eine entsprechende Behausung besonders „einladen", im eigenen Garten zu wohnen. So sollte der Garten nicht total aufgeräumt sein. Eine natürliche Gartengestaltung ist Voraussetzung dafür, dass sich ein Igel niederlässt. Das bedeutet, dass das Laub im Herbst nicht aus dem Garten entfernt werden darf. Igel bauen unter Dornengestrüpp, in Reisig- und Laubhaufen, in Hecken und Höhlen von Baumwurzeln gerne ihre Nester.

Interessant ist es auch, am Abend die Fledermäuse zu beobachten. Bei Dämmerung jagen die nachtaktiven Tiere durch die Luft auf der Suche nach Nahrung. In unseren modernen Städten finden die Fledermäuse immer weniger Unterschlüpfe. Fledermäuse schlafen in Höhlen, Felsspalten oder Baumhöhlen. Oft ziehen sie sich auch in Gebäude zurück und schlafen auf Dachböden oder in alten Ruinen. Du kannst für die Fledermäuse auch selbst einen Unterschlupf bauen.

Tiere im Wald

In Deutschland gibt es viel Wald. Allein schon in den Namen einzelner Landschaften steckt der Name „Wald": Schwarzwald, Odenwald, Oberpfälzer Wald, Bayerischer Wald, Idarwald, Soonwald, Thüringer Wald, Teutoburger Wald … Wir Menschen fühlen uns in Wäldern wohl, wandern gerne in einem Wald, verbringen dort unsere Freizeit. Der Wald ist aber auch das Zuhause für viele Tiere: z. B. Rotwild, Damwild, Füchse, Wildschweine, Luchse, Vögel und natürlich eine große Anzahl von Insekten. Damit der Wald auch in Zukunft Lebensraum für unsere Tiere, aber natürlich auch für zahlreiche Pflanzen und für uns Menschen ist, muss er besonders geschützt werden.

Wald

Massentierhaltung –
Leben für den Kochtopf

Weißt du eigentlich, wo das Fleisch herkommt, das mittags auf deinem Teller liegt? Oder woher das Frühstücksei stammt, das du am Sonntagmorgen so gerne isst?

Schnell ein halbes Hähnchen oder einen Döner aus der Imbissstube geholt, ein Würstchen für den Hunger zwischendurch oder ein Menü aus einem Restaurant einer Fastfoodkette – häufiger Fleischkonsum ist für uns alltäglich. Jeder Deutsche isst im Jahr durchschnittlich 90 Kilogramm Fleisch.

Wenn wir Fleisch kaufen, sehen wir nur das fertig zubereitete Stück, die verarbeitete Wurst. Dass das Stück Fleisch früher einmal ein lebendes Wesen war, ist nicht mehr zu erkennen. Nur manchmal, wie beim Hähnchen, können wir erahnen, wie das Tier lebend ausgesehen haben mag.

Wir wissen, dass Fleisch der Körper oder auch die Organe von früher lebendigen Tieren ist. Wir wissen aber meistens nicht, wie diese Tiere gelebt haben, wie sie gehalten worden sind und wie sie getötet wurden.

Die meisten Tiere, die wir verspeisen, leben in so-genannter Intensivtierhaltung. Sie wird allgemein auch als Massentierhaltung auf Bauernhöfen, in Mastbe-trieben, in landwirtschaftlichen Großbetrieben be-zeichnet. Meistens werden hier viele Tiere von nur einer Tierart gehalten. Typisch für solche Massen-tierhaltungen ist, dass die Tiere extrem wenig Platz haben und sich kaum bewegen können. Sie werden oft nur drinnen gehalten, um zu fressen und bald das gewünschte Schlachtgewicht zu haben oder mög-lichst viele Eier zu legen. So werden die Tiere in den Großbetrieben als „Nutztiere" ausgebeutet. Sie ver-bringen ihr meist kurzes Leben unter Qualen. Diese Tiere werden nur zu dem „Nutzen" gezüchtet, den Menschen Nahrungsmittel wie Fleisch, Eier, Milch oder Produkte wie Pelze zu liefern. So zählt nur der wirtschaftliche Gewinn. Auf die Bedürfnisse der Lebewesen wird keine Rücksicht genommen.

3 Fragen an Professor Kniffelogus

1. Herr Professor, was können wir gegen die Massentierhaltung tun?

Die Frage ist nicht so einfach zu beantworten. Natürlich könnten wir auf Fleisch und andere tierische Produkte verzichten. Doch wenn wir Fleisch oder Eier essen möchten, müssen wir diese Produkte ja erst einmal kaufen. Und beim Kauf können wir Einfluss nehmen. Das Fleisch von Tieren aus Massentierhaltungen wird meistens in Supermärkten verkauft oder in Fastfoodketten angeboten. Wollen wir sicher sein, Fleisch von Tieren aus ursprünglicher Tierhaltung zu kaufen, müssen wir zum Metzger gehen.

2. Haben die Menschen, die die Tiere in engen Ställen und Käfigen halten, kein Herz?

Es ist schon komisch, dass viele dieser Menschen nicht an das Leid und die Qualen der Tiere denken. Denn sonst würden sie die Tiere ja nicht so halten. Bestimmt spielt auch der finanzielle Druck eine große Rolle. Obwohl damit nicht das Quälen von Tieren entschuldigt werden kann.

3. Könnte man nicht durch strengere Gesetze die Lage für die Tiere verbessern?

Genau, das wäre ein richtiger Schritt. Die Politiker müssten Gesetze erlassen, nach denen solche Tierhaltung verboten wäre. Am Beispiel der Käfighaltung von Hühnern hat man gesehen, dass es viele Jahre gedauert hat, ehe es eine Gesetzesänderung gab. Und das, was man geändert hat, ist auch nicht befriedigend. Grundsätzlich wäre der Weg über neue Gesetze richtig. Vor allem aber müssen wir unser Verhalten ändern.

28

Da die Produkte aus Massentierhaltungen in einem Supermarkt im Vergleich zu Fleisch aus einer Metzgerei zumeist preisgünstiger sind, werden sie von vielen Menschen gekauft. Erst wenn wir als Verbraucher die Produkte aus Massentierhaltungen nicht mehr kaufen würden, könnte sich die Lage für die Tiere ändern.

In den letzten Jahren wird die Massentierhaltung von vielen Menschen immer stärker kritisiert. Dabei denken sie an das große Leid, das man den Tieren zufügt.

Durch die Haltung von vielen Tieren auf engem Raum wird außerdem der Ausbruch von Krankheiten und sogar von Epidemien (Seuchen, Massenerkrankungen) gefördert. So stammt der Erreger der Vogelgrippe aus Betrieben, in denen Geflügel in großer Anzahl gehalten wurde. Problematisch ist auch, dass viele dieser Tiere mit Antibiotika (biologische Wirkstoffe gegen Krankheitserreger) behandelt werden. Man schätzt, dass in Amerika dieselbe Antibiotikamenge an Tiere gegeben wird wie an Menschen. Schließlich nehmen die Menschen über das Fleisch (von Tieren, die mit Antibiotika behandelt worden sind) das Antibiotikum ebenfalls auf. Je mehr Antibiotika ein Mensch aufnimmt, desto weniger wirkt ein solches Mittel bei der Bekämpfung von später auftretenden Krankheiten.

Tiertransporte

Oft werden Tiere Hunderte, manchmal sogar Tausende Kilometer mit großen Lastwagen zum Schlachthof transportiert. Dabei werden sie auf engstem Raum untergebracht und häufig stundenlang ohne Futter und Wasser befördert. Die Fahrt bedeutet für die Tiere großen Stress. Sie haben furchtbare Angst und es kommt vor, dass manche der Tiere in Panik ihre Artgenossen tottrampeln. Es gibt Tiere, die vor Schwäche nicht mehr laufen können. Es kommt auch vor, dass ihre Beine das eigene Gewicht nicht tragen können.

Tiere und Bräuche

In aller Welt werden Tiere immer wieder bei Festen und Feiern „benutzt". Oft werden die Tiere dabei sehr schlecht behandelt und gequält. Dies gilt zum Beispiel für das sogenannte Schächten. Hierbei wird ihnen, ohne sie vorher zu betäuben, die Kehle durchgeschnitten. Dann lässt man das Tier ausbluten. Nach deutschem Recht muss ein Tier vor der Schlachtung betäubt werden und es darf keine unnötigen Schmerzen und Leiden erdulden müssen.
Obwohl viele in Deutschland ein generelles Verbot des Schächtens fordern, haben Gerichte es in Ausnahmen erlaubt. Sie finden es wichtiger, dass Menschen nach ihren Glaubensregeln leben können, als das Recht der Tiere, nicht gequält zu werden.

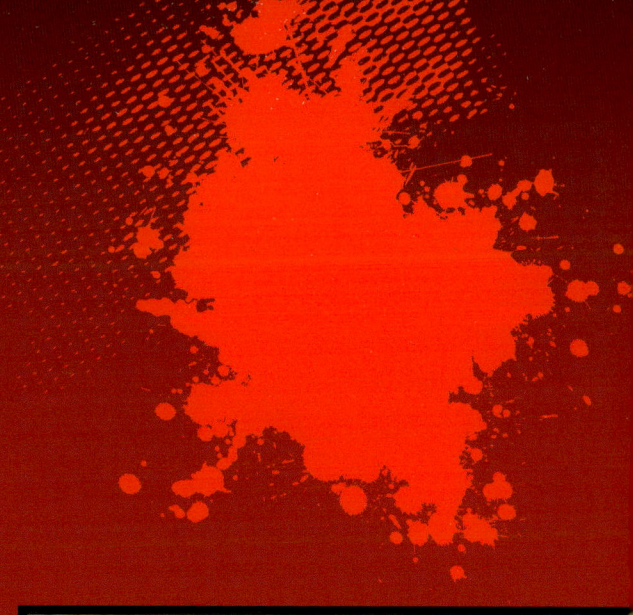

Vor allem in Asien und Afrika gibt es viele Bräuche oder Kulte, bei denen Tiere gequält und getötet werden. Bei afrikanischen Ureinwohnern werden immer wieder Ziegen, aber auch Schafe, Hühner, Hunde und andere Tiere als Opfergaben getötet. Dabei wird äußerst rücksichtslos mit den Tieren umgegangen. Es fließt oft viel Blut. Die Menschen gehen sogar so weit, Tiere aneinandergebunden lebendig zu begraben: Sie werden mit einem Tuch überdeckt und das Grab wird zugeschüttet. Die Tiere verenden qualvoll. Solche Rituale werden meist damit begründet, dass einer Gottheit ein Opfer gebracht werden soll. Zum Beispiel um das Leben eines Menschen zu retten, indem anderes Leben, das von Tieren eben, geopfert wird.

Für uns ist dieser Umgang mit Tieren schwer zu verstehen. Und es gibt auch keinen Grund dafür, dies zu akzeptieren.

Stierkampf – Tierquälerei aus Tradition

Unter dem Gejohle der vielen Tausend Zuschauer rammt der Torero immer wieder einen neuen Speer in den blutenden Körper des vor Schmerz wütenden Stiers. Schließlich gibt ihm der „Held" den Todesstoß. Das schwere Tier bricht zusammen, schnaubt noch ein paar Mal und stirbt. Das Volk johlt weiter. Der Torero verbeugt sich und marschiert stolz aus der Arena. Dieses Schauspiel fürchterlicher Tierquälerei gehört in Spanien und in Lateinamerika zum Volkssport. Die Toreros gelten als Volkshelden, werden verehrt und verdienen viel Geld.

Begründet wird der Stierkampf in Spanien mit der Tradition. Dabei ist dieses Schauspiel ein feiger Kampf Mensch gegen Tier. Zuerst wird der Stier mit einem farbigen, meist roten, Tuch gereizt und durch die Arena gejagt. Ein oder zwei Reiter greifen den Stier mit Lanzen an. Dann werden dem Stier Spieße, an denen sich Widerhaken befinden, in den Nacken gestoßen. Der Stier hat starke Schmerzen und ist sehr gereizt. Jetzt tritt der Torero mit einem roten Tuch auf. Hiermit reizt er das Tier noch weiter. Im letzten Abschnitt des Kampfes führt der Torero den Todesstoß durch. Er stößt dem Tier einen Degen von oben zwischen die Schulterblätter.

3 Fragen an Professor Kniffelogus

1. Würden Sie es begrüßen, wenn der Stierkampf weltweit verboten würde?

Auf jeden Fall! Diese Tradition ist reine Tierquälerei und für ein kultiviertes Volk nicht angemessen.

2. Was können wir denn dagegen tun, dass Stierkämpfe endlich aufhören?

Wir können zum Beispiel unsere Politiker dazu anhalten, über europäische Gesetze den Stierkampf zu verbieten. Internationale Proteste müssten an die spanische Regierung gerichtet werden. Natürlich können auch die Touristen einen gewissen Einfluss nehmen und keine Stierkämpfe mehr besuchen. Denn hier geht es auch um Geld. Je weniger Zuschauer kommen, desto größer ist die Chance, dass diese Veranstaltungen nicht mehr stattfinden.

3. Herr Professor, Sie sind doch in der Welt sehr viel herumgekommen. Was halten Sie von den Kulten, bei denen Tiere geopfert werden?

Auch bei uns gab und gibt es Bräuche, bei denen Tiere „geopfert" werden oder bei denen zum Dank ein Tier geschlachtet wird. Denken wir nur an die Weihnachts- oder Martinsgans. Doch wir gehen etwas zurückhaltender bei der Tötung vor. **Ich lehne Tieropfer aus rituellen Gründen rundum ab.** Denn immer werden dabei Tiere getötet, ohne dass ein vernünftiger Grund (wie zum Beispiel Krankheit des Tieres, Erlösung von Qualen …) vorliegen würde.

Feiertage

Feiertage für Menschen – aber nicht für Ente, Gans & Co.

Dass man an St. Martin (11. November) und an Weihnachten (24. – 26. Dezember) einen Gänsebraten zubereitet, geht auf einen alten katholischen Brauch zurück. Nach einer Legende soll die englische Königin Elizabeth I. im Jahre 1588 zur Weihnachtszeit gerade eine Gans verspeist haben, als sie die Nachricht von einem militärischen Sieg erhielt. Aus Freude hierüber soll sie die Gans zum Weihnachtsbraten erklärt haben.

Jedes Jahr werden Tausende Gänse gezüchtet, nur um als Braten an St. Martin und an Weihnachten gegessen zu werden.

Auch der Karpfen ist ein besonders beliebtes Tier, das an Weihnachten sein Leben lassen muss. Ebenso sind Entenbraten und Rehkeule typische Festtagsbraten.

Wenn du auf einer Speisekarte die Bezeichnung „Foie gras" liest, dann handelt es sich um eine Stopfleber. Denn „Foie gras" ist französisch und heißt „fette Leber".

Bei vielen Feinschmeckern ist die Stopfleber beliebt. Hierbei wird die Leber aus Enten oder Gänsen gewonnen, die nicht älter als ein halbes Jahr alt waren. Diese Spezialität heißt Stopfleber, weil die Tiere in den letzten drei bis vier Wochen ihres Lebens mit Gewalt ernährt werden. Ihnen wird drei- bis viermal am Tag ein besonders nahrhaftes Futter durch ein Rohr in den Magen gepumpt. Man erreicht dadurch, dass die Leber bis zu einer acht- bis zehnfachen Größe wächst. Die gewaltsam verfettete Leber ist eine Erkrankung. Das heißt, die Menschen essen eigentlich ein krankes Organ. Das Stopfen stellt für die Tiere eine fürchterliche Qual dar. Oft wird das Tier durch das Einführen des Rohres am Hals verletzt. Durch das Stopfen bekommt es sofort Durchfall und Atemnot. Die Tiere können sich nur noch mühsam fortbewegen. Daher ist das „Leberstopfen" in einigen Ländern, wie zum Beispiel auch in Deutschland, verboten. Allerdings wird die Stopfleber aus anderen Ländern eingeführt.

Tiere essen – dürfen wir das?

Dies ist eine ganz schwierige Frage. Eigentlich! Für die meisten Menschen ist sie aber anscheinend ganz einfach zu beantworten. Schaut man sich nur einmal an, wie viel Fleisch jedes Jahr gegessen wird, wie groß die Zahl der Fleischesser auf der Welt ist, dann wird diese Frage von vielen Menschen wohl einfach mit „Ja" beantwortet.Ist es aber richtig, so einfach über Leben und Tod zu entscheiden? Es lohnt sich, einmal darüber nachzudenken, ob wir Menschen tatsächlich das Recht haben, Tiere zu töten, um sie anschließend aufzuessen. Und du merkst, es geht nicht nur darum, ob wir Tiere essen dürfen, sondern es geht natürlich auch darum, ob wir Tiere töten dürfen. Wohl bekommen wir das Töten der Tiere, die wir später essen, nicht mit. Das geschieht in Metzgereien, in großen Schlachthöfen, im Wald und auf dem Feld, auf hoher See oder im kleinen Anglersee. Wir kaufen dann nur noch das fertig verpackte Fleisch im Supermarkt oder in der Metzgerei.

Dabei ist es gerade in unserer Gesellschaft möglich, sich auch ohne Fleisch ausreichend zu ernähren. Hinzu kommt, dass Fleischessen oft gar nicht gesund ist. (Wenn hier von Fleischessen die Rede ist, dann ist auch immer der Verzehr von Fisch gemeint.)

Es wird hier keine Antworten geben. Die musst du selbst finden. Es werden nur Fragen gestellt, nur Denkanstöße gegeben. Damit du dir eine eigene Meinung bilden kannst!

Dabei müssen wir uns zuerst einmal fragen, wieso wir Menschen glauben, etwas Besseres, Wichtigeres zu sein als die Tiere. Wieso stellen wir uns über die Tiere? Und ist es nicht so, dass Menschen **und** Tiere ein Recht auf Leben haben? Wir bezeichnen die Tiere ja auch als unsere Mitgeschöpfe – und dann nehmen wir uns das Recht, sie zu töten, weil wir sie essen wollen. Interessant ist auch, dass sich unsere menschliche DNA, also die Erbinformationen, von einem Schwein nur zu etwa einem Prozent unterscheidet, obwohl man das äußerlich kaum sehen kann. Deutlicher wird die Verwandtschaft der Menschen mit den Affen. Da kann man bestimmte Ähnlichkeiten sehr deutlich erkennen. Und schaut man auf die Entwicklung der Menschen und wirft einen Blick auf unsere ersten Vorfahren, die auf der Erde lebten, dann kann man gut erkennen, dass die Unterscheidung von den heutigen Affen nicht so sehr groß war.

So wie jeder Mensch, hat auch das Tier nur das eine Leben. Wenn man ihm das Leben nimmt, ist es für immer tot. Das gilt für jedes Tier, auch für die kleine Spinne, die wir vielleicht achtlos zertreten oder die Fliege, die wir einfach totschlagen, wenn sie uns stört. Hat es nicht jedes noch so kleine Leben verdient, geachtet und geschützt und nicht getötet zu werden? Jedes einzelne Leben ist wertvoll!

Wildtiere als Delikatesse

Obwohl viele Wildtiere vom Aussterben bedroht sind, werden sie in einigen Regionen unserer Erde gefangen, getötet und als Delikatesse verspeist. Der Wunsch, etwas Besonderes zu essen sowie uralte Traditionen spielen hierbei eine Rolle. In Asien, besonders in China, sind „verbotene" Wildtiere auf dem Speisezettel zu finden. In einigen Gebieten Chinas werden auch Haustiere, wie z. B. Katzen und Hunde, gegessen. Nicht nur die alten Menschen, die an den Traditionen hängen, essen geschützte Wildtiere. Das Essen dieser Tiere gehört sehr eng zur chinesischen Tradition.

Da werden auf dem Markt in Guangzhou im Süden Chinas lebende Frösche, Schildkröten oder Schlangen auf dem Markt angeboten. Die Tiere werden in engen Kisten und Käfigen gehalten. Bei großer Hitze sitzen Warane und Schildkröten ohne Wasser und Futter in kleinen Holzkisten und warten darauf, gekauft und getötet zu werden. Um die Nachfrage zu decken, werden auch aus anderen Ländern solche Tiere eingeführt. Bei diesem Handel haben kriminelle Banden ihre Hand im Spiel. Es ist ein Milliardengeschäft. Teilweise sind die Waldgebiete schon leergefegt, so groß ist der Bedarf an Wildtieren, die vor allem nach China eingeführt werden. Darum dringen die Wilderer immer tiefer in den unberührten Dschungel ein. Nicht beachtet wird dabei, dass bisher unbekannte, ansteckende Krankheiten so in die Zivilisation gelangen.

Im Zoo

Bei einem Zoobesuch freuen sich alle auf die vielen fremden Tiere, die man dort hautnah bestaunen kann. Man sieht Tiere, die man sonst nur aus Büchern oder Filmen kennt. Besonders Kinder besuchen gerne einen Zoo. Du auch?

Doch die Haltung von wilden Tieren in einem Zoo ist sehr schwierig. Oft kann man ihnen keine artgerechte Umgebung bieten. Und schließlich werden die Tiere in einem Zoo gefangen gehalten. Anders als in der Wildnis können sie hier nicht in der Umgebung herumstreifen, wie sie es gerne möchten und wie es ihrer Art entspräche.

Besonders problematisch sind bestimmte Tierschauen, die man häufig in den Zoos sieht. Hierzu gehören Delfinschauen, die überhaupt nicht artgerecht sind

und für die Tiere eine Qual darstellen. Von Tier- und Naturschützern werden diese Veranstaltungen und diese Art der Tierhaltung in Zoos stark kritisiert.

Allerdings überleben in Zoos auch Tiere, die vom Aussterben bedroht sind. Hierzu gehören zum Beispiel der Wildesel, der Sibirische Tiger oder der Kleine Panda. Diese Tiere leben heute meist nur noch in Zoos. Außerdem werden die Tiere in den Zoos oft älter als in der Freiheit, da sie hier keine natürlichen Feinde haben und auch gut versorgt werden.

Zoos werden auch zoologische Gärten genannt. Sie gibt es schon seit langer Zeit. Bereits im Altertum hielten ägyptische, römische oder chinesische Herrscher Wildtiere in Gefangenschaft. Sie wollten sich am Anblick dieser Tiere erfreuen und raubten ihnen deshalb die Freiheit. Der österreichische Kaiser Franz I. gründete 1752 in Schönbrunn bei Wien den ältesten, heute noch bestehenden zoologischen Garten. Im Jahre 1812 wurde in Deutschland der erste Zoo in Stuttgart angelegt.

Gerade früher machte man sich wenig Gedanken darüber, ob man den Tieren eine artgerechte Umgebung bot. Viel wichtiger war es damals, das Schaubedürfnis der Besucher zu befriedigen. Heute sind die engen Käfige meistens verschwunden. In vielen Zoos werden die Tiere in einer Umgebung gehalten, die ihrem natürlichen Lebensraum ähnlich ist.

Zoos haben heute viele Aufgaben. So werden in ihnen die Tiere erforscht und es wird Tierzucht zur Arterhaltung betrieben. Wissenschaftler können das Verhalten, die Vermehrung und die Gesundheit der Tiere genau beobachten. Um gerade vom Aussterben bedrohte Tierarten zu erhalten, züchtet man sie in Zoos weiter.

Zirkustiere – Leiden für den Applaus

Elefanten stehen auf einem Bein und balancieren einen Ball mit ihrem Rüssel, Tiger und Löwen springen durch brennende Reifen, Pferde drehen Runde um Runde durch die Manege, mit einem bunten Federschmuck auf dem Kopf und einem tanzenden Mädchen auf dem Rücken. Tiere sind oft die Sensation in einem Zirkusprogramm. Besonders die Kinder klatschen begeistert Beifall, wenn die Tiere ihre Kunststücke zeigen. Doch wie fühlen sich die Tiere dabei? Wie fühlt sich der Elefant, der mit seinem hohen Gewicht auf einem Bein stehen und irgendwelche Kunststücke zeigen soll? Hat der Löwe Lust, durch einen brennenden Reifen zu springen? Die Fragen kann man vermutlich mit „Nein!" beantworten. Denn die Tiere sollen hier Dinge tun, die sie in der Freiheit nie tun würden. Sie wurden dazu dressiert, ein völlig artfremdes Verhalten zu zeigen. Hinzu kommt, dass jede Aufführung mit dem Lärm im Zirkuszelt, den vielen Zuschauern, der Musik der Zirkuskapelle, mit dem Applaus, Stress für die Tiere bedeutet.

Oft werden Zirkustiere gequält, damit sie die Kuststücke lernen, die die Dompteure von ihnen verlangen. Immer wieder hört man davon, dass die Tiere brutal behandelt und geschlagen werden.

Die Haltung der Tiere ist völlig artfremd und stellt eine große Qual dar. Sie leben in engen Käfigen, werden häufig in den Zirkuswagen von Ort zu Ort transportiert. Auslauf haben sie fast gar nicht.

In Deutschland soll durch ein Gesetz verboten werden, dass Wildtiere im Zirkus auftreten. Dies wäre eine gute Entscheidung. Leider würde dieses Gesetz nicht für alle Tiere gelten, denn auch Pferde, Hunde und andere Tiere werden in einem Zirkus nicht artgerecht gehalten. Bei den Vorführungen müssen auch diese Tiere Kunststücke zeigen, die oft nicht ihrem natürlichen Bewegungsbedürfnis entsprechen.

Pferdesport – Tiere als Sport „gerät"

Es ist ein faszinierendes Bild, einem trabenden oder galoppierenden Pferd in der freien Natur zuzusehen. Pferde waren bei Menschen schon immer besonders beliebt. Ob als Helfer bei der Arbeit oder zur Freizeitgestaltung: Pferde spielten und spielen im Leben der Menschen eine große Rolle.

So ist auch der Pferdesport bei vielen Menschen sehr beliebt. Besonders junge Mädchen mögen den Umgang mit diesen Tieren und verbringen sehr viel Freizeit mit ihren Pferden. Sicherlich macht das „normale" korrekte Reiten durch die Landschaft Pferd und Reiter viel Spaß – und das ist für das Tier auch bestimmt artgerecht. Doch beim Pferdesport wird das Pferd häufig zu körperlichen Höchstleistungen gebracht, manchmal auch mit Gewalt. Ist ein Pferd wirklich dazu geeignet, hohe Hindernisse zu überspringen oder wie beim Trabrennen in verkrampfter Haltung über eine lange Strecke zu traben? Normalerweise würde ein Pferd bei dieser Geschwindigkeit in den Galopp fallen und nicht mehr traben. Das Traben in hohem Tempo ist unnatürlich und nur durch Zwang zu erreichen. Auch muss man sich fragen, ob die Pferdedressur artgerecht ist? Sind Jagdrennen über lange Entfernungen oder Military-Parcours zu akzeptieren, bei denen immer wieder Pferde stürzen und sich so schwer verletzen, dass sie eingeschläfert werden müssen?

Pferdespo

rt

Jagd – notwendig oder überflüssig?

Jagd bedeutet, Tiere zu töten, und zwar Tiere, die in freier Wildbahn leben. Jedes Jahr werden in Deutschland rund fünf Millionen Wildtiere von Jägern erlegt. Die Jäger sagen, die Tierbestände müssten verkleinert werden, um zum Beispiel den Wald zu schützen. Die Tiere würden Bäume und Pflanzen fressen und damit den Wald zerstören. Jäger sehen sich daher als Ersatz für die Raubtiere, die früher für das Gleichgewicht in der Natur sorgten. Doch das stimmt nicht. Die Raubtiere (wie zum Beispiel Wölfe) haben früher nur ganz wenig die Wildbestände reguliert. Krankheiten, Nahrungsmangel oder die harten Winter haben den Wildtierbestand stattdessen immer wieder verringert. Heute sorgen die Jäger zunächst einmal dafür, dass der Wildbestand hoch ist. Zum Beispiel verhindern sie durch die Winterfütterung, dass Tiere auf natürliche Weise sterben. Sie möchten viele Tiere in ihrem Jagdgebiet, damit sie auch viele Tiere jagen können.

Immer weniger geht es bei der Jagd von heute um das Beobachten von Tieren, um festzustellen, welche Tiere krank sind und von ihrem Leiden erlöst werden müssen. Für viele Jäger spielen die Zusammenhänge in der Natur und der Naturschutz kaum noch eine Rolle. Deshalb üben auch einige Jäger ihr Hobby nicht mehr aus, weil sie die heutige Jagd mit ihrem Gewissen nicht mehr vereinbaren können.

Jagd

3 Fragen an Professor Kniffelogus

1. Ist Ihrer Meinung nach die hohe Zahl der Wildtiere, die jedes Jahr in unseren Wäldern geschossen wird, notwendig?

Nein, überhaupt nicht. Es gab noch nie so viele Wildtiere in unseren Wäldern. Das liegt daran, dass die Jäger die Bestände bewusst hochhalten. Für mich ist die Jagd, wie sie heute ausgeübt wird, eine Schande für uns Menschen. Leider versagen auch die Politiker, die kaum etwas tun, um die absolut überflüssigen Massentötungen zu verhindern. Wir brauchen neue politische Bestimmungen, um zumindest die Fallenjagd sowie Haustierabschüsse zu verbieten. Außerdem sollte es längere Schonzeiten für die Wildtiere geben. Und noch etwas: Die Natur würde sich auch selbst regulieren, ohne Jagd. Das beweisen alle Gebiete Europas, in denen nicht gejagt wird. Schließlich sind 80 % der Deutschen gegen die Hobby-Jagd. Diese Menschen wissen: Auch Tiere haben ein Recht auf Leben!

2. Stimmt es, dass jedes Jahr auch viele Hunde und Katzen von den Jägern geschossen werden?

Das stimmt, leider! Man schätzt, dass jedes Jahr mehr als 100 000 Katzen und Tausende Hunde von Jägern geschossen werden. Das hängt mit den Gesetzen zusammen, die es in Deutschland gibt. Nach dem Jagdrecht dürfen Jäger auch Haustiere abschießen. Zum Beispiel, wenn eine Katze auf einer Wiese läuft oder vor einem Mauseloch sitzt. Dabei spielt es keine Rolle, dass von der Katze keine Gefahr für das Wild ausgeht.

3. Es werden immer wieder die Jagdmethoden der Jäger kritisiert. Ist das berechtigt?

Manche Kritik ist berechtigt. Man schaue sich z. B. die Ausbildung der Jagdhunde an. Zum Teil werden die Hunde an lebenden Enten ausgebildet. Das ist Tierquälerei! Oder die Fallenjagd, bei der Tiere manchmal nicht sofort getötet werden, sondern schwer verletzt leiden müssen. Auch die Jagd mit Bleischrot müsste eigentlich verboten werden.

Jagd auf Zugvögel

Jedes Jahr werden in Europa Zehntausende Zugvögel geschossen. Hauptsächlich auf dem Balkan, im Mittelmeerraum, auf Zypern oder in der Türkei wird Jagd auf sie gemacht.

Wenn die Tiere, schon müde vom langen Flug, in der Nähe der Adriaküste eine Rast machen möchten, warten bereits Jäger auf sie, um sie abzuschießen. Vor allem zur Hauptsaison auf ihrem Frühlingszug werden die Tiere in der Balkanregion getötet.

In Montenegro werden Wachteln mit Vogelrufen aus Lautsprechern angelockt. Wenn der Vogel auf die Täuschung hereinfällt, wird er abgeschossen. In bosnischen Sümpfen wird mit Schlingen und Fangnetzen den Vögeln nachgestellt. Im Neretva-Delta in Kroatien haben die Jäger Tümpel freigelegt, die man auf Satellitenbildern sehen kann. Attrappen und Lautsprecher locken die Vögel an – so sind sie eine leichte Beute der Vogeljäger. Viele Menschen verdienen dort nur etwa 250 Euro im Monat. Für einen geschossenen Vogel bekommen sie zwischen fünf und zehn Euro. So verdienen sie eine schöne Summe zu ihrem Einkommen hinzu.

Mit einer sogenannten Steinquetschfalle werden in Frankreich Vögel getötet. Dazu bringt man kiloschwere Steinplatten mit kleinen Ästen über einem Köder in Position. Wenn nun ein Vogel bei der Futtersuche eines der Stöckchen berührt, wird er vom Stein erschlagen.

Zwar haben die Politiker der Europäischen Union in den letzten Jahren einiges unternommen, um die Vogeljagd einzuschränken oder gar zu unterbinden: brutale Fallen sind verboten, in festgelegten Gebieten und zu bestimmten Zeiten dürfen keine Vögel gejagt werden. Doch häufig kümmern sich die Leute nicht um die Verbote. Und die Behörden verfolgen diese Gesetzesverstöße nicht hart genug.

Zugvögel

Zugvögel sind Vögel, die zu verschiedenen Jahreszeiten an unterschiedlichen Orten leben. Man schätzt, dass jedes Jahr rund 50 Milliarden Zugvögel unterwegs sind. Allein zwischen Europa und Afrika sind es etwa fünf Milliarden. Jedes Jahr ziehen die Zugvögel im Herbst aus den kälteren Gebieten Europas teilweise bis nach Afrika. Im Frühjahr geht es dann auf dem gleichen Weg zurück. Die Vögel legen dabei bis zu mehrere tausend Kilometer für eine Strecke zurück. Im Sommer leben sie im Norden, weil dort die Tage länger sind und sie so mehr Zeit für die Futtersuche haben.

Zugvögel

Wusstest du schon ?!

- Zugvögel besitzen einen sogenannten Magnetsinn, mit dem sie sich am Magnetfeld der Erde orientieren.
- Der Flugweitenrekord eines Vogels liegt – soweit bekannt – bei 11 500 Kilometern ohne Pause.
- Es gibt auch sogenannte Teilzieher, die nur zum Teil im Winter in den Süden bzw. nicht weit weg ziehen.
- Beim Buchfink fliegt oft nur das Weibchen im Winter in den Süden und das Männchen bleibt zurück.

Fische – die stummen Opfer

Den Ozeanen droht ein Massensterben. Der Zustand unserer Meere ist erschreckend. Viele Fischarten sind akut vom Aussterben bedroht. Wissenschaftler befürchten, dass es in unseren Weltmeeren bald zum größten Artensterben seit 55 Millionen Jahren kommen könnte. Schon in wenigen Jahren werden wir spüren, wie katastrophal sich dieses Massensterben auf uns alle auswirkt. Neben der Erwärmung und der Versauerung der Meere sowie des Sauerstoffmangels ist die Überfischung einer der Hauptgründe für das Aussterben vieler Fischarten. Unter Überfischung versteht man das ungebremste Plündern der Fischbestände. In den letzten fünfzig, sechzig Jahren hat sich der Fischfang weltweit verfünffacht. Jeden Tag laufen rund zwei Millionen Boote und Schiffe aus, um Fische zu fangen. Davon sind etwa ein Prozent schwimmende Fischfabriken, die mit modernsten Mitteln die Fische aufspüren und täglich unvorstellbare Mengen aus dem Meer holen. Über Satelliten-Bilder erhalten die Kommandobrücken der Schiffe Informationen über die Planktonvorkommen. Denn wo sich viel Plankton befindet, sind auch die Fische. Mit Echoloten können Fische bis in einer Tiefe von einem Kilometer entdeckt werden. Wie bei einem Vernichtungsfeldzug durchackern diese Großschiffe die Meere. Schleppnetze zerreißen dabei Riffe und zerstören auch die Aufzuchtgebiete der Jungfische.

Jährlich essen die Menschen weltweit rund 118 Millionen Tonnen Fische oder andere Tiere (z. B. Krebse, Muscheln …) aus dem Meer. Das bedeutet, dass in Zukunft der Fischbestand noch weiter abnehmen wird. So gibt es heute nur noch etwa 15 Prozent Fische in den Weltmeeren, deren Bestand nicht gefährdet ist.

Auch in Europa sind viele Fischarten vom Aussterben bedroht. Hierzu gehören der Aal, der Rotbarsch und der Rote Thunfisch. Da immer mehr Menschen Sushi als besondere Spezialität essen möchten, werden immer mehr Rote Thunfische gefangen. Viele Fische gibt es in europäischen Gewässern schon gar nicht mehr. Schon heute kommen bereits drei von fünf Fischen, die in Deutschland verkauft werden, nicht aus Europa.

Für die Fische ist das, was sich auf unseren Meeren abspielt, eine Katastrophe. Aber auch für Millionen Menschen steht die Existenz auf dem Spiel. Denn viele Menschen weltweit leben vom Fischfang oder der Fischverarbeitung.

Heute steht nur etwa ein Prozent der Ozeanfläche unter Schutz. Viele Meeresforscher fordern, dass etwa 20 Prozent geschützt werden müssten, um die Katastrophe des Massensterbens der Fische zu verhindern.

3 Fragen an Professor Kniffelogus

1. Herr Professor, warum essen die Menschen überhaupt so viel Fisch?

Das hat viele Gründe. Früher schon kam man ziemlich leicht an diese Nahrung heran. Und auch heute garantieren die großen Hochseefischereiunternehmen, dass der Verbraucher möglichst schnell den frischen Fisch auf den Teller bekommt. Außerdem gilt der Fisch als Nahrung als besonders gesund.

2. Gehen wir Menschen anständig mit den Fischen um?

Sicherlich nicht. Viele Menschen glauben, Fische könnten keinen Schmerz empfinden. Daher meinen sie, mit ihnen besonders rücksichtslos umgehen zu können. Das sieht man immer wieder, wenn große Fangmengen an Bord geholt werden und wie dann mit diesen Tieren umgegangen wird.

3. Was halten Sie vom Angelsport?

Also zunächst einmal finde ich es etwas seltsam, im Zusammenhang mit dem Angeln von Sport zu sprechen. Aber das ist ein anderes Thema. Es steht ja nun einmal fest, dass beim Angeln Tiere, die Fische nämlich, getötet werden. Und nicht immer werden die Fische tierschutzgerecht behandelt. Denn schließlich handelt es sich oft um einen Wettbewerb, den die Sportangler austragen. Und bei einem Wettbewerb geht es darum, der Beste zu sein, das heißt, möglichst viele Fische in einer bestimmten Zeit zu fangen.

Delfine – die gequälten Spaßmacher

„Flipper", einer der bekanntesten tierischen Fernsehstars, hat die Delfine berühmt gemacht. „Flipper" begeisterte Millionen Kinder durch seine Kunststücke und durch seine Intelligenz. Dabei war es für den Zuschauer immer wieder spannend zu beobachten, wie eng die Beziehung zwischen dem Delfin und den Menschen war.

Delfine gehören zu den Zahnwalen. Damit sind sie keine Fische. Sie gehören zu der Familie der Wale und sind somit Säugetiere, die im Wasser leben. Es gibt etwa 40 Delfinarten, z. B. Großer Schwertwal (Orca), Gemeiner Delfin, Schwarzdelfin, Flussdelfin, Großer Tümmler. Je nach Art sind Delfine zwischen eineinhalb und vier Meter lang. Die Schwertwale erreichen sogar eine Länge von beinahe zehn Metern. Delfine besitzen einen stromlinienförmigen Körper. Daher sind sie perfekte Schwimmer, die sehr schnell schwimmen können. Delfine haben ein ziemlich großes Gehirn. Sie zählen zu den intelligentesten Tieren. Sie können besonders gut hören und riechen. Schon aus dem Altertum ist bekannt, dass Delfine Menschen geholfen haben und sehr lernfähig sind. In fast allen Meeren sind Delfine zu Hause. Es gibt auch Arten, die Flussdelfine nämlich, die nur in Flüssen leben. Die Lebenserwartung der Delfine ist unterschiedlich. Von vielen Arten ist sie unbekannt. Große Tümmler können über 35 Jahre alt werden.

Delfine

Delfine verständigen sich über Pfeiflaute. Ihre Beute orten sie durch Klickgeräusche wie mit einem Echolot. (Gerät, mit dem die Wassertiefe gemessen wird). Durch den Lärm der Schiffsmotoren, aber auch durch Echolote und ähnliche Geräte der Militärschiffe, werden die Delfine stark gestört. Es kann sogar passieren, dass den Delfinen die Trommelfelle platzen. Manchmal tauchen sie vor Panik so schnell auf, dass sie an dem großen Druckunterschied sterben. Ein Problem für Delfine ist auch, dass sie als sogenannter Beifang enden. Sie geraten in die Netze, mit denen Fische gefangen werden sollen. Dort verfangen sie sich in den Maschen, können nicht mehr zum Atmen auftauchen und verenden. Weil die Fischer immer stärker das Meer ausplündern, nehmen sie den Delfinen ihre Nahrung weg. Im Mittelmeer werden Sardinen und Anchovis in riesigen Netzen gefangen. Diese Fische sind jedoch die Hauptnahrung der Delfine. Die Zahl der Delfine im Mittelmeer ist daher sehr stark zurückgegangen. In der Adria findet man fast gar keine mehr.

Brutale Delfinjagd

Zu den größten Feinden der Delfine gehört der Mensch. Besonders in Japan werden sie gejagt. Jedes Jahr zwischen September und April töten japanische Fischer Tausende Delfine. Sie kreisen die Tiere mit Booten ein und treiben sie in eine Bucht oder einen Hafen. Dort fangen sie die Tiere und töten sie auf brutale Weise. Während die Jagd auf Großwale stark eingeschränkt ist, gibt es für die Tötung von Kleinwalen, zu denen die Delfine gehören, keinen Schutz. Man schätzt, dass in den letzten zwanzig Jahren etwa 400 000 Delfine und andere Kleinwale in japanischen Küstengewässern getötet wurden.

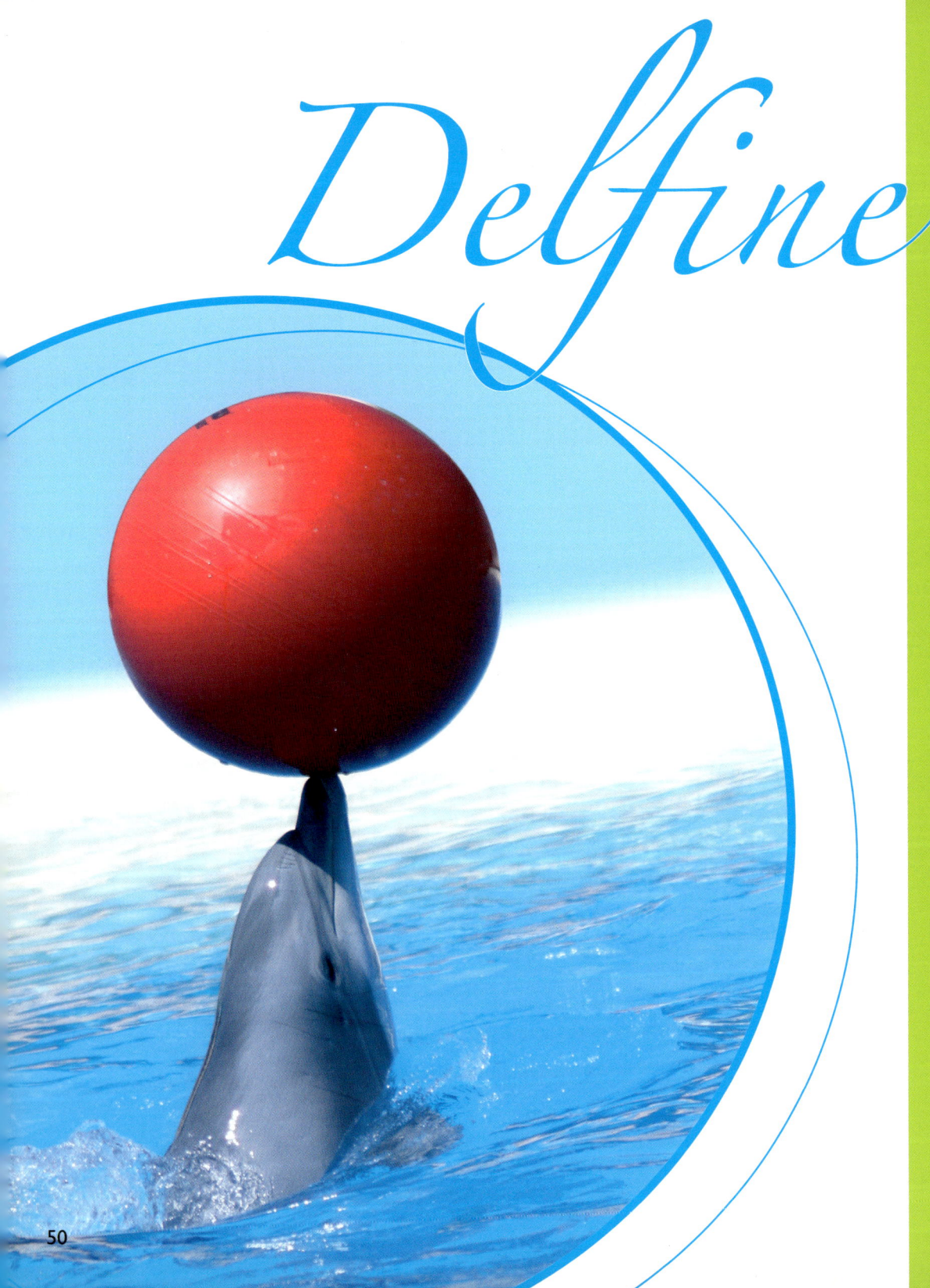

Delfine

Auch in Europa gibt es die grausamen Treibjagden auf Delfine. Auf den dänischen Färöer-Inseln nördlich von Großbritannien ist diese Jagd verbreitet. Wenn Fischer eine größere Tiergruppe entdeckt haben, halten sie Metallstangen ins Wasser. Mit Hämmern schlagen sie auf die Stangen ein. Durch den Lärm bekommen die Tiere Angst und lassen sich leicht in eine Bucht treiben. Die Fischer versperren durch Netze den Rückweg ins Meer. Mit Eisenhaken, Lanzen und Messern werden die Tiere dann brutal getötet. Die Fischer befestigen Seile an den Schwanzflossen der teilweise noch lebenden Tiere und ziehen sie auf die Boote oder an Land.

Delfinfleisch gilt als minderwertig. Daher wird es oft als Walfleisch verkauft. Allerdings ist das Fleisch vieler Delfine mit Schadstoffen vergiftet. Denn die Küstengewässer sind durch Umweltgifte belastet. Und diese gelangen in die Fettschicht unter der Haut oder in die Organe der Tiere. So hat man Ablagerungen von Quecksilber gefunden, bei der die zulässigen Grenzwerte um das 1 600-fache überschritten worden waren. Für die Tiere sind diese Belastungen furchtbar. Aber auch die Menschen, die dieses Fleisch essen, sind gesundheitlich gefährdet.

Die brutale Jagd auf Delfine veranstalten die Fischer unter anderem deshalb, weil sie glauben, dass die Delfine schuld wären am Rückgang der Fischbestände. So erklärt man sich auch das besonders brutale Vorgehen der Fischer.

Immer noch gibt es Delfinarien. In ihnen werden Delfine gefangen gehalten. Mit Delfin-Shows lockt man jährlich Tausende von Besuchern. Vielen Menschen ist jedoch nicht bewusst, dass die Haltung dieser Tiere in Gefangenschaft für sie eine einzige

Qual ist. Tierschützer lehnen die Haltung dieser sensiblen Meerestiere in Gefangenschaft klar ab. Eine art- und verhaltensgerechte Unterbringung der Tiere in Gefangenschaft ist nicht möglich. Denn Delfine haben ein sehr großes Bewegungsbedürfnis und brauchen daher viel Platz. Dieser kann ihnen in einem Delfinarium nicht geboten werden. Delfine haben in den kleinen Becken außerdem keine Möglichkeit, sich zurückzuziehen. Sie sind auch sehr geräuschempfindlich. Der Lärm bei den Vorführungen bedeutet also Stress für die Tiere. Da die Wasserqualität für die Delfine sehr gut sein muss, laufen in den Delfinarien ständig die Wasserpumpen. Und diese erzeugen Lärm, durch den die Tiere gestresst werden. Immer wieder sterben Delfine in diesen Delfinarien, weil sie mit den Bedingungen nicht fertig werden.

In Europa sind mittlerweile viele Delfinarien geschlossen worden. Zum Beispiel gibt es in England kein einziges mehr. Auch in Deutschland wurden fast alle Delfinarien geschlossen.

HAIE

Haie – die verkannten Tiere

Vor kaum einem Tier haben Menschen so viel Angst wie vor einem Hai. Dazu haben Filme wie „Der weiße Hai" und Schilderungen von (angeblichen) Haiangriffen beigetragen. Doch dieses Bild von Haien ist völlig falsch. Nur wenige Haifisch-arten sind für den Menschen gefährlich. Jedes Jahr werden weltweit zehn bis fünfzehn Menschen von einem Hai getötet. Natürlich ist das schlimm. Aber meistens greift ein Hai nicht absichtlich Menschen an, sondern will sein Revier verteidigen oder verwechselt den Menschen mit Beute.

Haie werden weltweit gejagt und getötet. Ein Grund hierfür ist, dass die Flossen der Haie verkauft werden. Dabei gehen die Fischer äußerst brutal mit den Tieren um. Die Haie werden gefangen, ihnen werden die Flossen abgeschnitten und anschließend wirft man die Tiere wieder ins Meer. Dort sterben sie einen qualvollen Tod, der sich über Tage hinziehen kann. Einige Haie werden auch als Speisefische („Schillerlocken", „Seeaal") gefangen.

Haie gehören zu den Knorpelfischen. Es gibt etwa 500 Arten. Sie haben meistens einen torpedoähnlichen Körper, dadurch sind sie sehr schnelle Schwimmer. Fast alle Haie leben im Meer, meist in den Küstenregionen, nur wenige leben im Süßwasser. Die meisten Haie ernähren sich von Fischen, Krebsen usw., größere Arten auch von Robben, Pinguinen oder Delfinen. Haie sind als eine Art Polizei wichtig für ein funktionierendes Ökosystem (Zusammenspiel von Lebensraum und Lebewesen) in unseren Meeren.

Wusstest du schon ?!

- Der Walhai ist mit rund 18 Metern Länge der größte und der Zwerg-Laternenhai mit etwa 15 Zentimetern Länge der kleinste Hai.
- Haie haben einen ausgezeichneten Geruchssinn, mit dem sie kleinste Blutspuren viele Hunderte Meter weit zurückverfolgen können.
- Die Zähne der Haie sind nicht fest im Kiefer verankert und erneuern sich ständig – und zwar lebenslang.

Robbensterben auf dem Eis

Jedes Jahr die gleichen Nachrichten, jedes Jahr die gleichen schrecklichen Bilder von totgeschlagenen Jungtieren, jedes Jahr die gleiche Empörung bei den Menschen – doch was ändert sich: NICHTS! Die Rede ist vom jährlichen Robbenschlachten an der kanadischen Ostküste. Hunderttausende Robbenbabys werden hier erschlagen – wegen ihrer Felle. „Erntezeit im Golf" nennen die Jäger ihre schreckliche Arbeit. In der Eiswüste des Sankt-Lorenz-Golfs findet jedes Jahr im Frühjahr die größte Tötungsaktion an Meeressäugern statt. Die Blutlachen von den erschlagenen Tieren machen aus dem Eis ein Schlachtfeld. Mit dem Hakapik (einem Schlagstock mit Haken) schlagen die Jäger den kleinen Robben den Schädel ein. Viele sind sofort tot. Manche aber sind nur bewusstlos und ihnen wird bei lebendigem Leib das Fell abgezogen. Dabei sind die Jäger nach dem Gesetz dazu

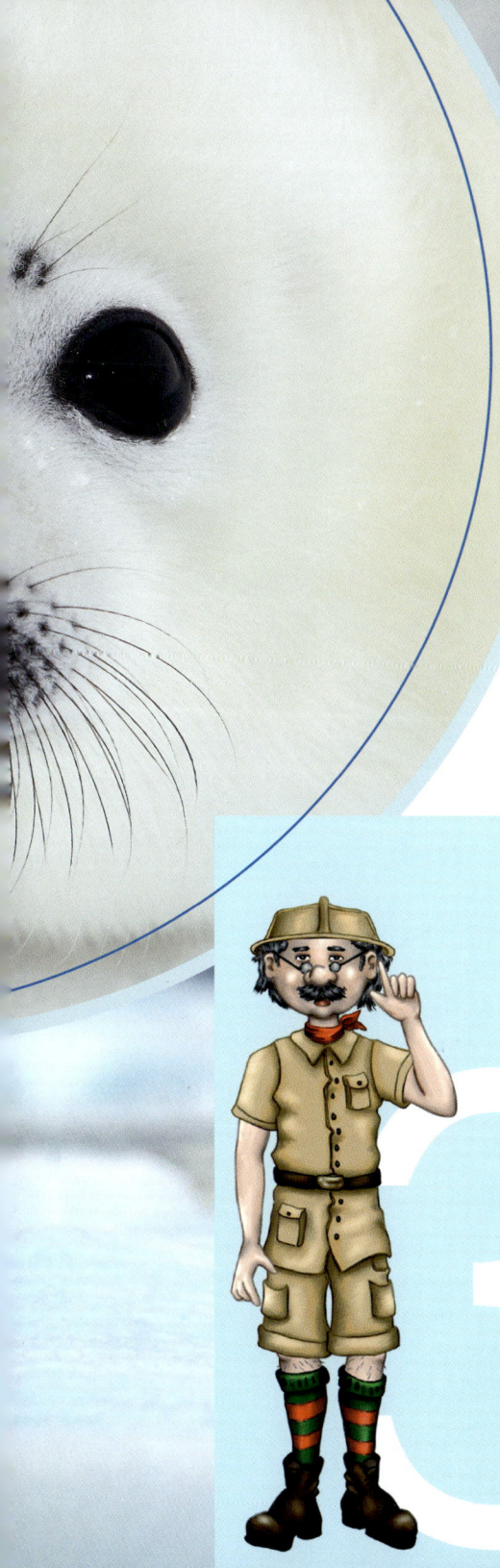

verpflichtet, erst den Tod des Tieres festzustellen, bevor sie mit der Häutung beginnen. Dazu müssten sie den Lidreflex am Auge testen. Inzwischen werden viele Robben aber auch erschossen. Die Kadaver bleiben häufig auf dem Eis liegen und verrotten dort.

Die Zahl der Tiere, die getötet werden dürfen, ist in den letzten Jahren meistens gestiegen. Das kanadische Fischereiministerium begründet dies damit, dass die Robben zu viele Fische fressen und sich zu stark vermehren würden. Biologen sagen jedoch, dass in Wirklichkeit nur noch halb so viele Robben an der kanadischen Ostküste leben, als von der Regierung angegeben.

In der EU ist der Handel mit Produkten, die aus Robben hergestellt wurden, verboten. Für die EU ist die Robbenjagd Tierquälerei.

3 Fragen an Professor Kniffelogus

1. Herr Professor, warum schlachten die Menschen die jungen Robben so brutal ab?

Hauptsächlich, weil sie für die Felle ziemlich viel Geld bekommen. Für ein Fell erhält der Jäger rund 40 Euro. An einem Tag kann er an die 100 Tiere töten. Das sind 4 000 Euro Verdienst pro Tag. Und Zeit ist Geld! Zwischenhändler kaufen die Felle, verarbeiten sie und verkaufen sie als Luxusgut vor allem nach Asien.

2. Was könnte man gegen die Robbenschlachtungen tun?

Man kann sich an Organisationen wenden, die sich bei kanadischen Politikern über die brutale Robbenjagd beklagen. Viel wirkungsvoller wäre, wenn die Felle nicht mehr in andere Länder eingeführt werden dürften. In den USA ist es schon seit Jahren verboten, diese Felle einzuführen. Auch Belgien und die Niederlande haben ein Einfuhrverbot.

3. Was wäre denn, wenn die Jäger ihre Felle gar nicht mehr verkaufen könnten?

Dann wäre die Robbenjagd sicherlich vorbei; zumindest diese Massenschlachtungen. Und Geld verdienen könnten die Menschen dennoch – und zwar mit Tourismus. Man schätzt, dass man mit Robben-Tourismus zehnmal mehr Geld verdienen könnte als mit der Robbenjagd. Ist ja auch klar, lebende Tiere möchten die Menschen viel lieber sehen als tote.

Das große Froschsterben

Überall auf der Welt sterben massenweise Amphibienarten wie Frösche, Kröten, Molche, Unken, Salamander und Blindwühlen aus. Forscher sprechen vom größten Amphibiensterben seit dem Untergang der Dinosaurier. Weltweit sind zwischen 30 und 50 Prozent aller Amphibien vom Aussterben bedroht. Der Tod dieser Tiere kommt schleichend. Allein in Deutschland sind rund 80 bis 90 Prozent der Aufenthaltsgebiete der Amphibien nicht mehr da, wie z. B. kleine Tümpel, Gräben, feuchte Wiesen. Auch die Wege von einem Teich zum anderen sind den Tieren durch Straßen und andere Bebauungen versperrt. Dadurch können die Tiere nur schwer neue Lebensräume besiedeln. Hinzu kommen die Erderwärmung, die Umweltverschmutzung, die Zerstörung der Ozonschicht …
Für das Amphibiensterben gibt es noch einen weiteren Grund. Und zwar ein Schädling, der Chytrid-Pilz. Allerdings weiß man noch nicht ganz genau, wie der Pilz das Tier tötet. Man vermutet, dass der Pilz Gift abgibt, das das Tier über die Haut aufnimmt. Nach einer anderen Vermutung verändert der Pilz den Wasser- und Elektrolyt-Haushalt (damit ist der Ausgleich verschiedener Salze im Körper gemeint) des Tieres. Hinzu kommt, dass durch den Pilz die Abwehrfunktion der Haut des Tieres gegenüber anderen Krankheiten geschwächt ist. Sie trocknen förmlich aus, bekommen weniger Luft. Sie verändern ihre Farbe und ihr Verhalten. Schließlich sterben sie.

Das Sterben der Frösche ist auch für uns Menschen sehr schlimm. Frösche sind ganz wichtige Insektenvertilger. Nur 1 000 Grillenfrösche fressen jedes Jahr etwa fünf Millionen Wirbellose, also Insekten usw. Wenn diese Insekten nicht durch die Frösche vernichtet würden, hätte dies schlimme Folgen für die übrige Tier- und Pflanzenwelt – und damit auch für den Menschen.

Kröte

Unke

Salamander

Molch

3 Fragen an Professor Kniffelogus

1. Herr Professor, warum sind die Frösche so wichtig für die Erde und für uns Menschen?

Frösche sind ein wichtiger Bestandteil innerhalb der Nahrungskette. Da sie viele schädliche Insekten vertilgen, gibt es gute Ernten. Auch verhindern Frösche und Kröten so, dass sich gefährliche Krankheiten, wie z. B. die Malaria, noch weiter ausbreiten. Die Malaria wird hauptsächlich durch den Stich einer weiblichen Stechmücke übertragen.

2. Gibt es den Pilz, der die Amphibien tötet, auch schon in Deutschland?

Ja, man hat ihn auch in Deutschland bereits entdeckt. Und zwar wurde der Pilz bei einheimischen Amphibienarten wie der Erdkröte, der Geburtshelferkröte und dem Feuersalamander gefunden.

3. Wie viele Froscharten gibt es eigentlich auf der Erde?

Die Zahlen schwanken. Aber es werden wohl etwa 6 500 Arten sein. Ganz viele leben auf Madagaskar. Das ist eine Insel im Indischen Ozean, nahe des afrikanischen Kontinents. Allein in den letzten Jahren wurden hier rund 130 neue Froscharten entdeckt.

Bedrohte Raubtiere

Sprechen wir von wilden Tieren, denken wir sofort auch an gefährliche Tiere. Wir denken an Tiere, die uns Angst machen, weil sie so groß, stark, bissig oder giftig sind. Wilde Tiere sind für uns also nicht nur Tiere, die in freier Wildbahn leben.
Zu den „wilden" Tieren gehören die Raubtiere. Das sind Tiere, die andere Tiere angreifen, töten und dann auch verspeisen. „Wilde" Tiere sind aber auch die Tiere, die nicht von Menschen domestiziert (also häuslich gemacht) wurden, wie der Luchs oder der Fuchs.

In den letzten Jahrzehnten sind immer mehr Raubtiere vom Aussterben bedroht. Schuld hat meist der Mensch. Er zerstört den Lebensraum der Tiere oder jagt sie, um ihr Fell, ihr Fleisch oder bestimmte Körperteile zu verkaufen.

Löwen – die Könige der Tiere

Ein Löwe wird auch „König der Tiere" oder „König der Nacht" genannt. Er wird „König der Nacht" genannt, weil Löwen tag- und dämmerungs-, aber auch nachtaktive Tiere sind. Und ihn als „König der Tiere" zu bezeichnen, liegt wahrscheinlich an seiner großen Mähne, die ihn so herrschaftlich aussehen lässt, und an seinem lauten Gebrüll.
Löwen leben vor allem in den Steppen und Savannen Afrikas sowie in Indien.
Löwen sind große Tiere. Männliche Löwen werden bis 1,90 m lang, Weibchen sind mit 1,70 m etwas kleiner. Hinzu kommt ihr Schwanz, der bis zu einem Meter lang sein kann. Dabei sind sie auch sehr schwer. Männchen wiegen bis zu 250 Kilogramm, Weibchen bis zu 170 Kilogramm. Das Fell der Löwen ist kurzhaarig, meist sandfarben bis dunkelgelb. Bei den Männchen fällt besonders die große Nacken- und Schultermähne auf.

Löwen gehören zu den Großkatzen. Katzen sind normalerweise Einzelgänger. Anders ist es bei den Löwen. Sie leben in Rudeln zusammen. Ein Löwenrudel bewohnt ein bestimmtes Gebiet, das sehr unterschiedlich groß sein kann. Die Reviergröße schwankt zwischen 20 und 400 Quadratkilometern. Beliebte Beutetiere der Löwenrudel sind z. B. Zebras, Gnus und Antilopen. Meist sind es die Löwinnen eines Rudels, die den Angriff führen und mit einem Prankenschlag die Beute niederreißen. Anschließend wird das angegriffene Tier durch einen Kehlbiss getötet. Manchmal ist der Hunger eines Löwen so groß, dass er bis zu 20 Kilogramm Fleisch auf einmal fressen kann. Menschen werden von Löwen selten angegriffen. Allerdings stellen alte oder aus dem Rudel verstoßene Löwen auch für Menschen eine Gefahr dar. Weibliche Löwinnen gebären nach etwa dreieinhalb Monaten Tragezeit ihre Jungen. Die Junglöwen werden mit ungefähr einem Jahr selbstständig und sind nach etwa drei Jahren erwachsen.

Löwen wurden schon immer von Menschen gejagt. Weil die Löwen die Weidetiere der Menschen angreifen, werden sie von ihnen getötet. Auch wollen die Jäger die Felle der Tiere als Trophäe. Viele Löwen sterben auch an Krankheiten, die durch Haustiere übertragen werden, z. B. Hundestaupe oder Katzen-Immunschwäche-Virus. Heute leben Löwen meistens in Nationalparks, in denen sie besonders geschützt werden. Sie gehören zu den vom Aussterben bedrohten Tierarten.

Tiger – vom Aussterben bedroht

Tiger sind die größten Katzen, die es auf der Erde gibt. Sie können (mit Schwanz) über drei Meter lang werden und erreichen dabei ein Gewicht von bis zu dreihundert Kilogramm. Ihr Fell ist blass rötlich, gelb bis rotbraun. Ganz typisch sind die dunklen Querstreifen, die um ihren Körper laufen. Der Kopf eines Tigers ist rund. Vor allem die männlichen Tiere haben einen Backenbart. Als Einzelgänger jagen sie hauptsächlich während der Dämmerung oder nachts. Angriffe auf Menschen sind meist Unglücksfälle oder sie werden von kranken Tieren verübt. Die Weibchen tragen ihre Jungen rund 100 Tage lang aus.

Die meisten Unterarten der Tiger sind vom Aussterben bedroht, wie die größte Tigerunterart, der Sibirische Tiger. Nach Schätzungen sollen nur noch etwa 500 Tiere frei

leben. Über 1 000 Sibirische Tiger leben in zoologischen Gärten. Vom Südchinesischen Tiger sollen nur noch 30 Tiere in freier Wildbahn leben. Insgesamt gibt es weltweit etwa noch 3 000 – 5 000 frei lebende Tiger.

Die Zahl der Tiger geht immer weiter zurück. Das liegt daran, dass der Mensch ihnen ihren Lebensraum nimmt. Immer weiter dringen die Menschen in die Wildnis vor, fällen Bäume und bauen Straßen. So verschwindet der Wald und die Tiere müssen sich weiter zurückziehen. Oft können sich die Tiger nicht mehr ausreichend ernähren.
Tiger werden außerdem aus unterschiedlichen Gründen vom Menschen gejagt. Einmal haben die Menschen Angst vor ihnen. Sie verfolgen sie auch, weil die Tiere immer wieder ihr Vieh reißen. Aber sie werden auch deshalb getötet, weil viele Menschen in Asien glauben, dass aus einigen Körperteilen des Tigers Stoffe gewonnen werden können, die vor Krankheiten schützen. Wilddiebe jagen die Tiger, weil sie deren Knochen, Zähne und Barthaare für viel Geld verkaufen.

Es gibt aber auch Menschen, die sich für die Tiger einsetzen und verhindern wollen, dass diese wunderschönen Tiere aussterben.

Als Stofftier ein beliebtes Kuscheltier: der Panda
Viele Kinder haben als Kuscheltier einen Panda zu Hause. Auch der echte Pandabär sieht richtig kuschelig aus. Dennoch ist er ein richtiger Bär. Vor allem sind Pandabären gute Kletterer. Schließlich haben sie neben ihren fünf Fingern noch einen zusätzlichen „Daumen", mit dem sie sich gut festhalten und auch besser nach Nahrung greifen können.
Es werden der Große Panda (Bambusbär) und der Kleine Panda (Katzenbär) unterschieden.
Das Fell des Großen Panda ist schwarz-weiß gezeichnet. Er wird etwa 1,50 m groß und bis zu 125 Kilogramm schwer. Dabei ist ein neugeborener Panda nur so schwer wie eine Tafel Schokolade, nämlich etwa 100 Gramm. Der Große Panda lebt in Zentralchina in einer Höhe von 800 bis 4 000 m Höhe in den Bambusdickichten. Er ernährt sich fast nur von Bambus. Am liebsten frisst er die jungen Schösslinge. Ein ausgewachsener Panda verzehrt täglich bis zu 30 Kilogramm Bambus. Leider ist der Große Panda stark vom Aussterben bedroht. Das liegt daran, dass man ihm seinen Lebensraum nimmt. Immer mehr Bambuswälder werden abgeholzt, um Siedlungen und Straßen zu bauen. Dadurch hat der Panda nicht mehr genug zu fressen. Heute leben nur noch rund 1 000 Tiere in freier Wildbahn. Der Kleine Panda, der nur etwa 65 Zentimenter groß wird (Körperlänge), lebt vor allem in den Bambuswäldern des Himalaja in einer Höhe zwischen 1 500 und 4 800 m. Er frisst am liebsten Bambusschösslinge, Früchte und Wurzeln. Sein Fell ist überwiegend rostrot.

3 Fragen an Professor Kniffelogus

1. Herr Professor Kniffelogus, immer wieder hört man davon, dass wilde und seltene Tiere aus Asien oder anderen Teilen der Welt nach Europa oder Amerika an reiche Leute verkauft werden. Stimmt das?

Leider stimmt das. Es gibt einen weltweiten Handel mit Tieren, auch mit denen, die vom Aussterben bedroht sind. Es sind Tiere, die aus ihrem Lebensraum herausgerissen und in eine völlig andere Umgebung gebracht werden. Sie verlieren dabei nicht nur ihre Freiheit, sondern müssen sich auf völlig andere Lebensumstände einstellen. Besonders in Asien blüht der verbotene Handel mit Wildtieren, die an reiche Leute in Europa und Amerika verschickt werden.

2. Warum kann man das nicht verhindern?

Es gibt zwar Gesetze und Zollbestimmungen, die den Handel mit Wildtieren eigentlich verhindern sollen. Doch oft werden die Menschen, die den Handel überwachen sollen, mit Geld der Auftraggeber bestochen. Trotz Verbots lässt man die Wildtiere aus dem Land ausfliegen.

3. Warum wird besonders der Tiger verfolgt und ist vom Aussterben bedroht?

Er wird von manchen Menschen als Bedrohung angesehen, weil er das Vieh der Bauern reißt. Aber er wird auch deshalb getötet, weil man mit ihm, das heißt mit bestimmten Teilen seines Körpers, viel Geld verdienen kann.

61

Natur- und Tierschutz

Die Evolution bringt eine immer größere Vielfalt der Lebewesen hervor. Unter Evolution versteht man die langsame Entwicklung und Anpassung der verschiedenen Lebensformen auf der Erde. Vergleicht man die frühesten Lebensformen mit unseren hochentwickelten Tieren, so stellt man eine riesige Entwicklung und die Bildung einer großen Vielfalt in der Tierwelt fest. Vor allem durch die Eingriffe des Menschen (Jagd, Zerstörung von Lebensräumen, z. B. durch Abholzung von Wäldern, Vergiftung von Böden oder Wasserläufen) sind eine ganze Reihe von Tieren ausgestorben.

Erst seit dem 19. Jahrhundert werden Tiere und Pflanzen bewusst vor dem Aussterben geschützt. Der deutsche Forschungsreisende Alexander von Humboldt (1769 – 1859) sprach bei den Tieren und Pflanzen von „natürlichen

Alexander von Humboldt

Denkmälern", die man schützen müsse, damit sie nicht untergingen. Doch erst im 20. Jahrhundert bildeten sich erste Naturschutzbewegungen und -organisationen. So wurde 1913 in Bern (Schweiz) eine internationale Konferenz zum Schutz der Natur abgehalten. An dieser Konferenz nahmen 17 Länder teil. Allerdings kam der 1. Weltkrieg (1914 – 1918) dazwischen, sodass die Naturschutzidee erst einmal in den Hintergrund gedrängt wurde. Nach mehreren Anläufen in den folgenden Jahren wurde nach dem 2. Weltkrieg (1939 – 1945), und zwar im Jahre 1948, in Frankreich die *International Union for Conservation of Nature and Natural Resources* (IUCN = Internationale Organisation für Naturschutz) gegründet. Als zweite wichtige Organisation kam im Jahre 1961 die Organisation der *World Wide Fund for Nature* (WWF = Welt-Naturstiftung) hinzu. 1971 wurde *Greenpeace* gegründet, eine Organisation, die immer wieder durch spektakuläre Aktionen darauf hinweist, wie wichtig der Naturschutz ist. In Deutschland gibt es den *Naturschutzring*, der über allen anderen Natur- und Umweltschutzorganisationen (wie z. B. *Bund für Umwelt und Naturschutz – BUND, Naturschutzbund – NABU, Robin Wood* …) steht.

SCHUTZ DE TERE

YELLOWSTONE NATIONAL PARK

Nationalparks

Schon im antiken Griechenland begannen die Menschen, sich über Naturschutz Gedanken zu machen. Besonders die Wälder hatten eine große Bedeutung für sie. Sie glaubten, dass die Götter dort zu Gast und die Wälder heilig wären. Im Mittelalter zum Beispiel wurden Gebiete zu Schutzgebieten für die Jagd der Fürsten und Könige. Auch Künstler sorgten dafür, dass bestimmte Naturgebiete wegen ihrer Schönheit möglichst unberührt blieben.

Heute genießen beispielsweise die Bäume der Sahelzone in Afrika besonderen Schutz als heilige Orte.

Aber immer schon gab es einen Kampf zwischen dem Naturschutz und der Gier der Menschen, möglichst viel zu besitzen: Land, Häuser, Geld. Die Natur wurde ausgebeutet, um Geld mit den „Dingen" zu verdienen, die man aus ihr herausholte: Holz, Pflanzen, Bodenschätze, Tiere …

Doch mit der Zeit erkannte man, dass die Natur nicht endlos ausgebeutet werden durfte. Denn immer mehr Pflanzen- und Tierarten waren gefährdet und drohten, auszusterben. Die Idee von National- und Naturparks entstand. Der Yellowstone-Nationalpark in den USA war der erste in der Welt. Er wurde 1872 gegründet. Schon kurze Zeit später wurden in Kanada, Australien und Neuseeland weitere Nationalparks eröffnet. In Europa (z. B. Schweden, Schweiz) gibt es seit Anfang des 20. Jahrhunderts solche Parks. In Deutschland dauerte dies bis zum Jahre 1970. Es entstand der Nationalpark Bayerischer Wald. Einige Jahre später wurden die Nationalparks Berchtesgaden, Schleswig-Holsteinisches Wattenmeer, Niedersächsisches Wattenmeer und Hamburgisches Wattenmeer gegründet.

Was ist nun eigentlich ein Nationalpark?
Zunächst einmal ist ein Nationalpark ein großes Gebiet mit einem oder mehreren Ökosystemen (Waldlandschaft, Wattgebiet, Seengebiet usw.). Weiter ist es ein Gebiet, das durch die Besiedlung und die Nutzung durch den Menschen nicht oder kaum verändert worden ist. Schließlich ist dort die Landschaft, sind die Pflanzen und Tiere, von besonders großem Interesse für die Menschen.

Es gibt noch weitere Arten von Schutzgebieten für die Natur: z. B. Naturschutzgebiete, Tierschutzgebiete, Vogelschutzgebiete usw. Das sind, im Gegensatz zu den Nationalparks, oft kleine Schutzgebiete. In Deutschland gibt es über 8 000 Naturschutzgebiete.

Baum in der Sahelzone Afrikas

Stichwortverzeichnis